# 아프리카는 오늘도 하쿠나마타타

**펴낸날** 2019년 1월 15일

**지은이** 김형만
**펴낸이** 주계수 | **편집책임** 윤정현 | **꾸민이** 이슬기

**펴낸곳** 밥북 | **출판등록** 제 2014-000085 호
**주소** 서울시 마포구 양화로 59 화승리버스텔 303호
**전화** 02-6925-0370 | **팩스** 02-6925-0380
**홈페이지** www.bobbook.co.kr | **이메일** bobbook@hanmail.net

© 김형만, 2019.
ISBN 979-11-5858-506-8 (03930)

※ 이 도서의 국립중앙도서관 출판시도서목록(CIP)은 e-CIP 홈페이지(http://www.nl.go.kr/cip)에서 이용하실 수 있습니다. (CIP 2019000416)

남아공에서 케냐·에티오피아까지 39일

# 아프리카는 오늘도 하쿠나마타타

김형만

연애 감정을 아시는가? 여행할 땐 매일매일 즐겁고 내일이 기다려진다.

연애를 하고 돌아왔다. 여행과의 연애는 소소하지만 확실한 행복! 소확행!이다.

낯선 곳으로 떠나는 기대는 늘 마음을 설레게 한다. 인류의 고향으로 지구 상에서 두 번째로 큰 대륙이자 우리나라의 300배 면적을 가진 아프리카 여행을 위해 5년 전 남미에서 만난 여행중독자 6명이 뭉쳤다. 여정에 동행한 분들은 정년퇴임한 고석원·민정기 교장 부부, 강정희 선생님, 정희진 박사, 마지막으로 함께하는 것만으로도 행복해지는 존재, 나의 첫사랑 장옥희 씨다.

여행에 미친 사람들의 평균나이 63세!

절정은 사그라지고 열정은 식게 마련이다. 누구에게나 뜨거운 '한때'들이 있고, 우린 리즈였던 '한때'를 지나 변화했다. 삶의 법칙에 따라 늙어가도 내 허리와 영혼은 어떻게 해서든지 바로 잡으려고 노력한다. 자부심을 드러내고, 몸 자세를 올바로 하기 위해, 꼿꼿하게 허리를 편다. 꿈 앞에서만

큼은 영원히 늙지 않는 욜로! 시니어의 나이다. 영혼의 샘이 마르지 않게 마중물을 붓는다. 즐겁지 않으면 인생이 아니다!

사람이 총기聰氣를 잃으면 안 되는데, 총명함은 멀어져 가고, 감성은 풍부해진다. 시간이 지나면 기억은 차츰 흐려지고 조각나서, 망각이라는 다락방으로 들어가 뒤죽박죽 쌓인다. 보석 같은 추억의 터널이 닫혀 흐릿해지기 전에 순간을 오래 정지해 두고 싶은 마음으로 글을 남긴다.

여행중독자의 꿈의 여행지이자 최후의 목적지, 아프리카 8개국 여행보고서를 독자 여러분께 건넵니다. 저와 함께 여행하는 기분으로 이 책을 재미있게 읽어 주신다면 무척 기쁠 것입니다. 여행을 꿈꾸고 계획하는 것만으로 젊은 시절에 상상하지 못했던 활력과 행복을 찾을 것입니다. 무엇도 미루지 말고 여행을 시작하라고 말씀드리고 싶습니다. 나중에… 언젠가는 오지 않습니다.

Let's go!
용기 있는 도전이 즐겁고 달콤한 삶을 만듭니다.
당신은 특별한 사람입니다.

다시 한 번 아프리카를 꿈꾸며… 아프리카 땅끝에서 시작하는 여행보고서를 지금 펼칩니다.

list

머리말 / 4

# 1장/남아프리카공화국
## Republic of South Africa

# 2장 / 나미비아

## Republic of Namibia

# 3장 / 보츠와나
## Republic of Botswana

# 4장 / 잠비아 & 짐바브웨
## Republic of Zambia & Republic of Zimbabwe

# 6장 / 탄자니아 연합공화국
## United Republic of Tanzania

# 6장 / 케냐

Kenya

# 7장 / 에티오피아
## Ethiopia

# 1장 남아프리카공화국

Republic of
South Africa

| | |
|---|---|
| 수도 | 프리토리아(행정), 블룸폰테인(사법), 케이프타운(입법) |
| 면적 | 1,221,037㎢(남한의 12배, 세계 25위) |
| 인구 | 57,477,569명(세계 25위, 2018년) |
| 언어 | 영어, 아프리칸스어, 줄루어, 소토어, 츠와나어 |
| GDP | 3,175억 6,800만$(국내총생산, IMF: 2017년) |
| GDP/1인당 | 13,840$(WORLD BANK: 2017년) |
| 화폐 | RAND |
| 전압 | 220V |
| 국화 | 프로테아(Protea) |
| 국조 | 청색 두루미(일명 깃털 두루미, Blue crane) |
| 여행경보 | 여행 유의: 전 지역 |

# 아프리카 여행의 십자로

남아프리카 케이프타운 국제공항에 첫 발걸음을 디뎠다.

남아프리카공화국의 수도는 3개로 케이프타운은 입법수도이고, 프리토
리아Pretoria는 행정수도, 블룸폰테인Bloemfontein은 사법수도다. 면적은 우리나
라의 12배, 인구는 5,750만 명으로 우리나라보다 조금 많다.

인천공항에서 홍콩과 아디스아바바를 거쳐 케이프타운까지 비행시간
20시간 55분, 공항대기시간 3시간 15분을 포함, 총소요시간 24시간 10분
걸렸다. 케이프타운은 아프리카 교역과 여행의 십자로이다. 동쪽으로 포트
엘리자베스, 서쪽으로 나미비아 사막, 남쪽으로는 아프리카대륙의 땅끝마
을인 케이프 포인트와 희망봉이 있고, 북쪽으로는 나미비아와 보츠와나,
앙골라 등으로 갈 수 있다.

케이프타운 국제공항에서 일단 환전하였다. 남아프리카공화국의 화폐
는 랜드(RAND, 통화코드는 ZAR)라 불리는데 우리 돈 1,000원이 약 11랜
드 정도이다.

비행기에서 내려다 본 풍경.
프리카의 황량한 불모의 모래사막에 인공적으로 중앙회전식 원형 관계농법(Center pivot irrigation)을 도입하여 작물을 생산한다.

이 랜드라는 화폐에는 특징이 있다. 대부분 지폐에는 그 나라의 위인이 들어가기 마련인데, 다인종 국가인 남아공은 인종 간 찬반 논란으로 특정 인물 대신 멸종위기에 놓여있고 아프리카를 대표하는 남아공 정부가 적극 보호하는 다섯 종류의 동물(BIG 5: 표범, 버펄로, 사자, 코끼리, 코뿔소)의 그림이 들어간 화폐를 발행한다. 최근에는 인종 구별 없이 모든 국민으로 부터 존경받는 넬슨 만델라 전 대통령의 초상도 들어가게 되었다.

화폐 단위별로 10랜드(코뿔소), 20랜드(코끼리), 50랜드(사자), 100랜드(버펄로), 200랜드(표범)에 Big 5가 있다. 넬슨 만델라의 초상화가 그려진 200랜드의 고액권 화폐도 있다.

환전하여 돈을 받아 살펴보니 아프리카에 온 것이 실감 난다. 그런 후 공항에서 차량을 빌렸다. 그간 렌터카업체로 Hertz, AVIS, Eurospar 등 글로벌 업체만 알았는데, 이번엔 Bidvest라는 회사이다. 환전도 Bidvest Bank

에서 했는데 남아공에선 축구클럽, 항공사, 스타디움 등을 운영하는 나름 큰 회사이다.

렌터카사무실에서 받은 자동차 열쇠를 들고, 주차장에서 알아서 차를 찾아 짐을 싣고 일행을 모두 태우고 출발이다. 일반적으로 차를 빌리면 주차장에서 자동차에 대한 사전 점검과 설명을 해주는데 아예 그런 절차가 없다.

아~ 고생은 여기서부터 시작이다.

우리나라 운전시스템은 우측통행인데 남아프리카공화국은 좌측통행이다. 과거 영국의 식민지였던 아프리카 남동쪽 나라들이 모두 우리나라와 다르다. 운전석의 위치와 주행방향까지 완전 반대이다. 거기다 길도 알 수 없고 수동기어로 운전해야 한다. 어려움 하나를 더하자면 빌린 차가 승용차가 아닌 승합차여서 운전석이 높고 보닛이 없었다. 시인성은 좋으나 승용차만 운전했던 나로서는 입체공간지각능력이 엉망이 되어버렸다.

어쨌거나 공항 주차장에서 출발~

100m도 못 가 커브에서 뒷바퀴가 도로 중앙턱(연석)에 걸려 시동이 꺼지고 말았다. 백기어back gear를 넣어 뒤로 물러나야 하는데, 수동변속기 기어봉의 표시를 보고 백기어를 넣었는데도 자꾸 차가 앞으로 나아가면서 시동이 꺼지고 만다.

도로 맞은편 차량의 운전자가 차를 멈추고 다가와 도움이 필요하냐고 물어 그렇다고 했더니만 – 사정을 설명했다. 백기어를 넣었는데도 차가 뒤로 물러나지 않고 자꾸 앞으로 나아간다고 – 백기어를 넣을 때 기어노브의 둥근 핑거 컨트롤(링)을 위로 잡아당긴 상태에서 후진 기어를 넣으라고 알려주었다.

26년 전에 운전했던 수동기어 운전에 땀이 났다. 한국에서는 오른쪽 손을 사용하여 기어를 넣는데, 이 동네에서는 왼쪽 손을 사용한다. 기어변속에 자신이 없어 저단 기어를 사용하니 엔진 소음은 크게 나고 시동은 가끔 꺼지지, 숙소인 bnb까지는 꾸불꾸불 골목길에 급경사 언덕이라 제발 내 차 앞에 다른 차가 나타나지 않기만을 빌면서 운전하는데 진땀을 흘렸다. 차에 탄 여행 고수들은 불안해하고, 다행인 것은 내 옆에서 내비게이터 역할을 한 정 박사가 알기 쉽고 정확하게 안내해준 덕분에 무사히 숙소에 도착했다는 것이다.

저녁에 케이프타운의 야경명소인 시그널 힐Signal Hill에 가기로 했는데 밤에 길도 모르는 구불구불한 언덕을 운전하여 오를 자신이 없었다. 자동기어 자동차가 있으면 바꾸려고 렌터카업체에 전화했건만 자동기어 자동차는 없고 수동기어만 있다니 어쩔 수 없다. 도저히 안 되겠다 싶어 우버택시를 이용했다.

시그널 힐에서 바라본 테이블마운틴Table mountain은 케이프타운 시내를 품었다. 차와 사람이 대서양ATLANTIC OCEAN으로 떨어지는 해를 보려고 몰려든다. 언덕에 엉킨 차량을 보니 역시 차량을 가져오지 않길 잘했단 생각이 든다. 주차할 장소도 없었다.

대서양으로 떨어지는 낙조와 시내 야경은 보았는데 어떻게 숙소까지 돌아가나?

대서양으로 떨어지는 해를 보려고 '시그널 힐'에 관광객들이 몰려 기다리고 있다.

우버택시와 연결은 되었는데 밀리는 인파에 우릴 찾지 못하다 몇 번 우리를 지나치고, 결국 우리를 포기하고 가버렸다. 첫날부터 난감하다. 점점 어두워지다 깜깜해져 버렸다. 차량과 사람들은 하나둘 시그널 힐을 내려가기 시작하고, 다시 택시를 불러도 우릴 찾아 태운다는 보장도 없고…. 바로 이때 운전자 홀로 탄 승용차를 발견해 사정했다. 그러나 우리 일행이 여섯인 것을 알고는 난감해하며 그냥 가려고 한다. 생전 처음 히치하이킹을 떼로 한 것이다.

사정 끝에 운전자는 위기에 처한 우리를 태워줬다. 독일에서 출장 나온 소프트 엔지니어로 그를 포함, 소형 승용차에 7명이 타고 시그널 힐을 내려왔다.

천사의 도움을 받아 시내에 왔건마는 밤 아홉 시가 지나 식당은 모두 문을 닫아 버렸다. 24시간 편의점은 없는 것인지 우리가 찾지 못하는 것인지… 케이프타운의 밤은 깊어간다.

# 대서양과 인도양의 시작

아침 일찍 나미비아 비자발급을 신청하기 위해 케이프타운에 있는 나미
비아영사관<sub>Atterbury House, 9Riebeek St & Lower Burg St</sub>을 찾았다. 남아공에서 나미비아
비자발급을 신청할 수 있는 곳은 행정수도 소재지 프리토리아<sub>Pretoria</sub>에 있
는 나미비아대사관과 케이프타운에 있는 나미비아영사관 이렇게 두 곳이
다. 우리나라에는 나미비아대사관이 없어 사전 비자발급을 받을 수 없다.
일본에 있는 대사관이나 비자발급대행사를 통해 비자발급을 받을 수 있
으나, 한국에서 신청 시 발급까지 기간이 한 달 정도 되거니와 발급비용
또한 대행비를 포함하여 두 배 정도 발생한다. 나미비아 케이프타운 영사
관은 롱스트리트에서 가장 높은 빌딩으로 노란색 빌딩에 SAMSUNG이라는
파란 로고의 글씨가 있는 건물 25층이다. 비자 신청과 수령 모두 오전 9시
부터 12시 45분까지만 가능하다.

신청은 정해진 양식에 19개 항목을 기재하는데, 남아프리카공화국 입
국비자 도장이 찍힌 여권사본과 사진 1장, 나미비아를 방문하는 목적

과 동기, 호텔예약 확인서와 여행일정표, 예약한 항공권 또는 버스표&
차량 렌트 영수증, 은행 잔고 증명서 또는 신용카드 복사본 등을 제출한
다. 대사관에 복사기가 있지만 민원인은 길 건너 에테버리하우스 맞은
편 문방구를 이용해야 한다. 비자 신청료는 80RAND, 비자발급은 두 종
류인데 '보통비자'는 신청 후 워킹데이 기준 2~3일 후에 발급이 가능하고
비용은 390RAND다. '급행비자Express VISA'는 신청한 다음 날 찾을 수 있고,
780RAND다.

케이프타운 어디에서나 보이는 랜드마크인 테
이블마운틴Table mountain을 케이블카를 타고 올랐다
(290RAND, 자국민은 100RAND). 케이블카는 바람
이 세게 불거나, 비가 올 때, 구름이 많을 때 운행
을 중지하는데, 운이 나쁘면 며칠 연속으로 운행
이 중지되기도 한다. 케이블카 오픈 여부는 www.
tablemountain.com에서 실시간 확인이 가능하다.

케이블카 타는 곳에 우리나라 제주도의 경관 사
진이 게시되어있다. 테이블마운틴은 2004년 유네스
코 세계유산으로 등록되었고, 아르헨티나와 브라질
의 이구아수폭포, 인도네시아 코모도섬, 필리핀의
푸에르토 프린세사 지하강地下江 국립공원, 베트남
의 하롱베이, 브라질의 아마존 열대우림, 2011년 말
도 많았던 제주도와 함께 세계 7대 경관에 선정되
었다. 축하할 일이지만 목적을 위해 수단과 방법을

가리지 않은 찜찜한 일이었다. 당시 뉴세븐원더스라는 민간재단이 주관한 사업에, 투표할 때 사용한 국제전화 수익을 나누어 챙긴 한국 통신회사 배만 불려준 게 아니었을까?

테이블마운틴 아래층은 퇴적암이 쌓여있고 사암과 화강암으로 이루어진 산 정상은 탁상형으로 편평하게 생겼는데, 길이 3km에 평균 폭이 300m이다. 바다로부터 융기한 산 정상은 빙하의 작용으로 위가 편평하게 깎였다고 한다. 얼음이 바위를 깎았다니 자연의 힘이 무한하다고 느낀다. 지질학자들에 따르면 5억 6천만 년 전 얕은 바다에 형성된 거대한 사암 덩어리다.

곤돌라 티켓과 함께 받은 안내 브로슈어에는 케이블카가 1929년 10월 4일 완공되었으며, 정원은 65명으로 대형인데 1초에 10m를 움직여 1.2km 거리를 1시간에 800명 수송하는 능력으로 지금까지 2,600만 명을 수송했다고 적혀 있다. 케이블카 바닥은 360도 빙글빙글 회전하며 깎아지른 절벽을 올라 너른 평지에 이른다.

　해발 1,085m의 바위가 탁자처럼 편평한 정상에 오르면 산 아래 케이프 타운과 사자 머리를 닮은 라이언스 헤드(669m)와 시그널 힐(350m), 사자 엉덩이를 닮은 라이언스 럼프Lions Rump가 보인다. 멀리 제19회 월드컵 주 경기장과 케이프타운의 3대 해변 중 하나인 캠스 베이Camps Bay가 테이블마운틴 아래에 펼쳐지는 장관을 볼 수 있다. 꼭대기 전체가 국립공원으로 지정되었는데 흔히 보이는 바위너구리와 몽구스, 사향고양이, 온갖 희귀식물 등이 보호된다.

　안내판과 케이블카 탑승권을 구입할 때 받은 브로슈어에는 트레킹코스가 안내되어 있다. 걷기에 가장 가벼운 길은 대씨길Dassie walk로서 15분 소요되며, 북쪽과 서쪽, 남쪽을 조망할 수 있고, 아가마길Agama walk은 30분으로 가장 인기 있는 노선인데 케이프타운의 장관을 360도로 볼 수 있다. 클립

스프링거 산책로Klipspringer walk에서는 Platteklip Gorge 위에서 테이블마운틴 가장자리를 따라 멋진 전망을 볼 수 있으며, 여름에는 선샤인, 콘부시꽃이 만발한 것을 볼 수 있다고 한다. 또 여름에 구름이 정상부근의 산을 덮을 때는 마치 식탁보를 두른 것처럼 보인다 하여 이러한 현상을 테이블클로스Table Cloth 라고도 한다.

점심은 캐퍼틸 호텔에 있는 Active 스시 집을 찾았다. 트립어드바이저에 괜찮은 음식점으로 소개되었는데 맛이 별로였다. 밥의 양이 너무 많고 고기의 양은 적다. 점심 특선으로 다 먹지 못하고 남기면 스시 1개당 8R을 내야 하는 레스토랑이다.

　시내에 있는 보캅Bo-Kaap마을은 알록달록 파랑, 노랑, 분홍 등 밝은 색상
의 원색을 칠한 집으로 이루어진 동화마을 같은 산동네이다. 과거 노예로
잡혀 온 말레이인들이 살던 산동네인데(Bo는 위, Kaap는 시내의 뜻이라
한다) 무슬림인 이들이 집단으로 거주하면서 고된 노예생활을 밝은색으로
표현하며 달랬었다고 한다. 그러던 것이 남아공 최초의 흑인 대통령인 넬
슨 만델라 시대가 열리면서 아파르트헤이트(인종차별정책)의 폐지를 기념
하며 한 집 두 집 알록달록 무지개색의 페인트로 색칠한 것이 자유를 표현
한 보캅의 명소가 되었다.

　자동차 운전이 조금씩 익숙해진다. 하지만 시동은 가끔 꺼뜨린다. 희망
곶으로 향했다. 시내에서 희망곶까지 꾸불꾸불 절경의 해안도로이지만 운

희망봉(248m) 꼭대기에 등대가 보인다.

전에 서툰 나는 구경할 여유가 없다. 그저 사고 안 나게 목적지에 도달하는 게 목표다. 대서양 서쪽 끝자락에 위치한 Hout Bay와 Noordhoek 마을 사이에 위치한 아름답고 경이로운 꿈의 자동차도로인 채프만스 피크 드라이브코스Chapman's Peak Drive Course로 총 길이 9km, 114개의 커브 길로 이루어져 있는데 죄수들이 동원되어 1922년 7년의 공사 끝에 개통되었다고 한다. 어떤 곳은 절벽의 바위를 깎아 반굴Half Tunnel, 155m 형태의 도로를 만들어 아찔하기도 하다. 그림 같은 Hout Bay를 내려다보면서 아슬아슬한 절벽 해안도로와 머리 위에 펼쳐지는 웅장한 콘스탄시아 산맥을 올라가다 보면 Campman's Peak(593m) 정상에 다다른다. 꼬불꼬불 도로를 내려가다 사암절벽의 낙석으로부터 보호하기 위해 만든 콘크리트 캐노피 Rock Shelter를 지날 때는 영화의 한 장면을 보는 느낌이다. 이런 느낌도 잠시, 승객은 좋을지 몰라도 낯선 높은 승합차에서 수동기어에 운전석과 통행방향이 우리나라와 반대인 상황에서 운전하는 난, 조마조마하다. Chapman's Peak

케이프반도의 끝, 희망봉

케이프 포인트 후니쿨라 타는 곳

Drive는 날씨에 따라 통행이 금지되기도 하는데 Open&Close 상황을 www.champmanspeakdrive.co.za에서 실시간 확인 가능하다. 미니버스와 대형버스는 도로 폭이 좁고 갓길이 없어 통행금지다.

영국 BBC가 정한 세계에서 가장 아름다운 해안도로 중 하나인 난코스를 드라이브하고 있지만, 앞서 말했듯 아직 운전 환경이 완전히 익숙하지 않은 나는 조마조마하다. 자동차를 멈추고 낭떠러지 아래로 펼쳐진 아슬아슬한 절벽 아래에 어떤 세상이 있는지 짜릿함을 맛보고 싶었지만 도중에 차를 세우고 쉴 공간이 없어 아쉬웠다.

희망봉Cape of Goog Hope은 아프리카대륙 맨 끝 서남쪽에 부채꼴 모양의 248m의 산이 바다에서 솟아오른 모양인데 15세기 오스만투르크제국이 육로 통행 시 통행세를 요구하여 향신료 교역을 하기 어려워지자 포르투갈 항해가인 바르톨로뮤 디아스Bartolommeo Diaz가 1488년 직접 뱃길을 찾아 나서면서 발견한 '곶'으로 폭풍우와 파도가 심해서 이 곳을 '폭풍의 곶Cape of Storms'이라 명명하였다고 한다. 당시 포르투갈 국왕 후앙2세가 선원들이 위험한 이 지역을 무사히 통과하기를 기원하는 마음에서 미래의 희망을 뜻하는 '희망봉(곶)'으로 개명하였다고 한다. 그러나 이는 지리적으로 사실이 아니다. 희망봉을 아프리카의 맨 끝으로 알고 있지만 이는 역사적인 의미이다. 이곳은 인도양에서 흘러온 모잠비크-아굴라스Cape Agulhas 난류와 남극해에서 오는 벵겔라 한류가 만나는 지점이며, 남아프리카대륙의 최남단은 희망봉에서 약 150km 떨어진 곳에 있는 남아공 케이프 반도의 최남단 지점인 케이프 포인트Cape Point이다.

아치형 문 Cape Point Table mountain National Park를 지나 동쪽 희망봉 등대산 정상에 오르기 위해 후니쿨라Funicular를 탔다. 늦게 도착하여 막차(PM 5시 20분)를 탔다. 다섯 시 이후에는 내려오는 후니쿨라를 운행하지 않는다.

꼭대기의 등대는 현재 운영하지 않

희망봉 전망대(Look Outpoint)에 오르는 계단

고 희망봉 밑 중턱에 새롭게 설치했다. 희망봉 바위 정상(248m)에서 바라보는 대서양과 인도양은 어떤 경계도 없다. 해도海圖에나 그 경계가 있으려나? 그러니 두 대양이 합쳐졌다는 투오션스Two Oceans가 적당한 명칭 아닌가? 아니면 대서양의 시작! 또는 인도양의 시작이 되려나? 희망봉! 누군가에는 희망을! 누군가에는 고통을 주었으리라!

오르막길 팻말에 남위 34°21′24″, 동경 18°29′51″라고 표기해 놓았다. 정상의 네모난 나무기둥 이정표 표지판에 세계 주요 도시인 암스테르담, 베를린, 파리, 남극(6,248km), 뉴욕(12,541km) 등의 거리를 표기해 놓았다.

꼭대기에 있는 등대는 현재 폐쇄되었다. 너무 높은 곳에 위치하여 등대에서 밝히는 불빛을 산 아래 암초 부근에서는 볼 수가 없어 배가 좌초되는 경우가 많아 이보다 낮은 곳(해발 87m)에 새로운 등대를 만들었다. 정상에서 멀리 조그마하게 보인다.

해안도로를 거쳐 케이프타운으로 돌아오는 길, 도로에 개코원숭이 비비Baboon들이 앉아서 통행을 방해한다. 해안을 따라 난 국립공원 볼더스 비치Boulders Beach에는 작고 귀여운 아프리카 펭귄 자카스 Jackass Penguin들이 서식하는데, 원래 남극에 살던 펭귄이 조류를 따라 흘러오다 헤엄을 잘못 쳐서 떠내려와 정착한 곳이 이곳이라 한다. 키는 남극 황제펭귄(약 1m)보다 작은 40㎝ 정도로 울음소리가 마치 당나귀 소리와 비슷하다고 한다. 볼더Boulde는 둥근 돌이라는 뜻으로 돌들이 많은 바닷가를 뜻한다. 사람이 가까이 다가가도 뚱보 펭귄들은 도망가지 않는다. 바다에서 걸어 나와 사람 사는 동네에도 돌아다닌다.

캠스 드라이브를 마치고 케이프타운 최대 쇼핑몰 워터프런트Water Front로 향했다. 워터프런트는 작은 운하가 있는 항구로 17세기 네덜란드 동인도회사가 케이프타운 항구 안쪽에 건설한 이래, 영국의 식민지 당시인 19세기 바다 일부를 메워 완성한 항구로 정식 명칭은 빅토리아&알프레드 워터프런트이다.

공연장과 놀이공원, 노천카페와 실내에는 박물관, 레스토랑, 기념품점, 쇼핑센터, 호텔이 있다. 쇼핑센터에 가면 남아프리카공화국에서만 생산된다는 루이보스티Rooibos tea를 판매한다. 홈쇼핑에서 극찬하여 히트한 제품이다. 원주민들이 즐겨 마시던 차로 루이Rooi는 원주민어로 '붉다'는 뜻이고, 보스bos는 덤불을 의미하여 '붉은 덤불'의 잎을 말린 것이 '루이보스차'다. 루이보스차는 콩과 식물로 카페인이 전혀 없어 신경을 안정시키는데, 정신 안정 효능뿐 아니라, 녹차보다 50배 이상의 항산화 효능이 있는 SOD 성분을 가졌고, 농약을 사용하지 않고 유기농으로 재배되어 홍차 대용으로 임산부나 아이들이 마셔도 좋다고 한다.

영화 〈아웃 오브 아프리카〉에서 데니스 핀치 해튼이 카렌과 연애할 때 입은 빈티지 느낌이 나는 베이지나 카키색 패치 포켓이 달린 셔츠와 두꺼운 질감의 면바지 사파리룩을 사려고 쇼핑센터를 돌아다녔건만 멋진 게 없었다. 폼 나는 것으로 하나 장만하려 했는데… 사파리 모자도 내부 라벨을 보니 메이드인 차이나뿐이고 이 밤에 워터프런트를 떠나 시내의 다른 쇼핑센터를 가기엔 망설여진다. 워터프런트에서 만난 한국청년이 전날 칼 강도를 당했다며 조심하라는 소리를 들었기 때문이다. 최근 통계에 의하면 케이프타운에서 살해당할 확률이 요하네스버그와 프리토리아(남아프리카 행정수도)에서의 확률을 합친 것의 1.8배나 된다고 했기 때문이다. 여행지에선 항상 긴장을 늦추면 안 된다.

# 노예박물관 & 아파르트헤이트

해변에 위치한 부자동네 Sea Point는 관광객들보다는 산책길을 따라 아침 운동을 하는 주민들이 많다. 바다와 인접한 그린포인트를 한 바퀴 돌았다. 운동하는 주민들은 모두 백인뿐이다. 백인과 흑인의 거주지를 인위적으로 구분 짓는 법은 폐지되었지만 백인과 흑인의 4배가 넘는 소득격차는 어쩔 수 없이 그들의 주거지역을 갈라놓는다. 흑인들의 높은 문맹률과 실업률은 남아공의 사회문제와 갈등에 어려움을 더한다. 시내 풍경은 전혀 아프리카답지 않다. 유럽에 온 느낌이랄까! 도보로 2km 거리에 워터프런트가 있다.

어제 신청한 나미비아 비자를 나미비아영사관에서 찾았다.

카드결제는 안 되고 Only Cash만 가능하다. 비자 발급비용은 1인당 390 RAND다.

Iziko Slave Lodge

국회 옆에 노예박물관 Iziko Slave Lodge가 있다. 노예제가 폐지된 이후 법원과 우체국으로 사용되다가 박물관으로 개조된 내부는 네덜란드에서 만든 동인도회사 노예 무역시대에 네덜란드 식민지인 동아프리카, 서아프리카, 인도네시아, 말레이시아, 자바 섬, 인도 등에서 잡아 온 노예를 거래한 건물이다. 1층에 전시된 노예 수송에 사용된 목선을 보면 노예를 한 명이라도 더 싣기 위해 천장을 낮게 설계하여 배 안에서 일어설 수 없을 뿐만 아니라 발목과 손에 쇠고랑을 채우고 묶어 꼼짝 못 하게 해 빼곡하게 겹겹이 노예를 실었고, 더운 배 속에서 항해 중에 죽으면 바다에 던지는 일이 다반사였다고 한다. 행여 목숨이 붙어 케이프타운에 도착해도 원래 살던 가족과의 인연을 끊기 위해 뿔뿔이 흩어지게 하고 이름을 새롭게 지어줬다고 한다.

워낙 많은 노예의 이름을 짓다 보니 새로 지어주는 이름도 잡혀 온 곳, 성경에 나오는 이름, 요일, 심지어는 1월, 2월처럼 성에 달 이름을 붙여 Jones January, Jones February, Brown March, Brown April 등으로 지었다고 한다. 남아프리카의 가슴 아픈 노예사를 읽고 자료사진을 보고 있노라면 사람을 짐승처럼 대하고 강제노역을 시킨 당시 백인이었을 정복자들에 분노가 치민다. 1층 박물관에선 사진전시회를 하는데 〈한 장의 사진과 이야기〉라는 주제로 AIDS후천성 면역결핍증에 감염된 유럽과 아메리카, 아시아와 아프리카 등 세계 각지의 사람들을 주제로 수많은 사진의 주인공이 본인

을 소개하고 그들의 소망과 건강한 몸을 위한 정상적인 성생활의 갈망을 담은 글을 게시했다. 2층은 당시 사용되었던 생활도구와 그림, 도자기 등을 전시하였다.

아프리카에서 이렇게 AIDS에 관심을 기울이는 이유는 인구의 60%가 25세 이하의 젊은이기 때문이라고 한다. 정부의 부단한 노력으로 에이즈 감염자 수가 둔화되었지만, 사하라 사막 남쪽 아프리카 지역의 젊은 여성들에게서 지속적으로 감염률이 늘었다고 한다.

박물관Slave Lodge 앞에 'IZIKO'라고 표기된 것은, 원주민 언어로 '모닥불'을 뜻하는데 할아버지 할머니가 손자, 손녀들에게 모닥불을 피워놓고 재미있는 이야기를 해준다는 의미를 담았다고 한다. 남아공의 박물관들은 재미있는 역사가 있는 곳이란 의미로 iziko라고 불린다.

박물관에서 200m쯤 떨어진 곳에는 St. George 까데드랄이 있다. 1901년 머릿돌이 놓여진 성 조오지 성당은 남아공에서 가장 존경받는 인물 중의 하나며 1984년 노벨평화상 수상자인 투투 주교Desmond Tutu가 직접 미사를 주도하는 성당이다. 이 성당은 아프리카 인권운동의 정신적 지주인 투투 주교가 인권자유투쟁을 위한 평화행진을 시작한 곳으로도 유명하다. 성당의 스테인드글라스가 남아공 흑인들의 인권을 위한 빛을 찬란하게 발산하고 있는 것처럼 보인다.

법원 앞 보도의 의자.
백인과 유색인종이 앉을 수 있는 의자가 따로따로다.

　　퀸 빅토리아 거리 국립도서관 건너 법원 앞 보도에는 1959년부터 1991
년까지 백인들만 앉을 수 있었던 나무의자와 유색인종만이 앉을 수 있었
던 나무의자가 놓여있다. 당시 우리의 주민등록증 같은 신분확인증이 있
어 백인 또는 유색인종을 엄격하게 구분하여 관리하였다는데, 인종구분
에 이의가 있으면 법원에 재판을 청구하여 1등급 백인부터 7등급 원주민
인 반투Bantu까지 인증을 받아야만 했다고 한다. 법은 가혹하여 조금이라
도 원주민이나 흑인의 피가 섞였다면 유색인종으로 판단하여 엄청난 차별
을 받아야만 했다고 한다.

　　아이러니한 것은 원주민인 반투인들 역시 아프리카 선先주민이었던 피그
미족과 코이코이족을 몰아내고 정착하여 원주민이 되었다는 사실이다. 이
른바 '아파르트헤이트Apartheid'라 알려진 인종차별 정책이다. 이는 1948년부
터 1991년까지 유지되었고, 아프리칸스어로 격리, 분리를 뜻한다.

　　종교 탄압을 받아 남아프리카에 이주한 개신교계 성향의 네덜란드인의
후손들인 보어인들이 백인들의 우월주의가 깨질 것을 우려하여 인종에 따
라 강제 등록을 시키고 인종 간의 혼인금지, 성관계 금지, 사회적 접촉금
지, 공공시설 분리를 정당화하고, 특정 직업을 가질 수 없도록 했다. 같은

의자에 앉을 수도, 함께 버스를 탈 수도 없게 유색인종을 차별했다.

남아공의 아파르트헤이트 정책은 국제사회에서도 비난을 받아 1960년 대부터 30여 년간은 국제경기 출장금지, 남아프리카에 대해 세계 여러 나라에서 항공로 운항금지 등 국제적인 제재가 뒤따랐다. 한국도 1994년까지는 국제사회에 동참하여 남아프리카공화국을 여행제한 국가로 정했었다. 이해할 수 없는 것은 백인과의 섹스와 혼인, 투표는 금지였지만 백인과 같은 시설을 이용할 수 있는 명예 백인Honourary White이란 구분을 두어 일본인, 홍콩인, 대만인 등은 준準 백인으로 인정받았다는 것이다. 이런 악랄한 정책을 프로테스탄트 사상으로 종교개혁의 선두에 선 칼뱅교도가 주도했다니 믿어지지 않는다. 프로테스탄티즘Protestantism은 글자 그대로 '저항하는 사람들의 행동주의'라는 의미이다. 부패한 구교에 대항하여 참된 성경의 가르침 안에서 종교개혁을 외쳤으며 윤리를 중요시하였다. 결국, 남아프리카에 이주한 개신교 중심인 백인들의 집단이득주의에 종교적인 의무는 간데없고, 칼뱅주의가 혐오한 물질 숭배와 사람차별은 여전하였다.

케이프타운 치안이 걱정되어 관광을 꺼린다면 오전 11시에 시작하는 프리워킹투어 – free라고 하지만 끝나고 약간의 팁을 줘야 한다 – 나 영국처럼 빨간 2층 시티투어버스를 이용하는 것도 좋다. 투어버스는 1일권과 2일권이 있는데 2일권의 경우 버스 종류가 다양하다. 가장 먼 곳인 테이블마운틴을 끼고 삥~ 돌아오는 〈미니 페닌슐라 블루라인〉, 중심지만 돌아보는 〈옐로우라인〉, 중심가와 케이블카 타는 곳을 거쳐 해안지구를 돌아오는 〈레드라인〉, 외곽의 와인지구를 돌아오는 〈퍼플라인〉, 크루즈투어가 가능한 〈선셋라인〉까지 다양하다. 버스 외관은 모두 빨간색 이층버스인데, 출입문 옆에

전광판으로 레드라인, 블루라인, 퍼플라인, 옐로우라인이라는 표시가 있다. 정류장에는 노선별 색상에 시간표가 게시되어 있다. 크루즈투어는 R50이지만 시티투어버스 2일권을 구입하면 무료이고, 1일 클래식 R200, 2일 프리미엄 R300, 3일 디럭스 R400, 선셋 R130, 헬리콥터 R2250까지 다양하다. 시티투어버스를 못 타본 것이 아쉽다. 리시버 속에서 속삭이는 오디오 가이드의 설명을 들으며 시내를 한 바퀴 빙 돌아봤으면 더 좋았을 텐데, 서툰 운전을 하느라 시내 경관을 꼼꼼히 보지 못했다.

문화 역사박물관을 지나 애덜리스트리트거리에 꽃시장이 줄지어 있다. 탐스럽고 예쁜 부드러운 털로 덮인 꽃을 다듬어 묶고 있어 사진을 찍어도 되느냐고 물으니 남아프리카공화국을 상징하는 꽃이라며 이름은 킹 프로테아King Protea라고 알려준다. 이들과 함께 사진을 찍었다.

돌고래로 유명한 허마노스 해안

바위를 깎아 만든 아슬아슬한 해안도로를 따라 아프리카대륙의 끝 아굴하스Cape of Agulhas로 가는 길에 클레인몬드 비치kleinmond beach를 지나 돌고래로 유명한 허마노스 해안Hermanus에서 돌고래 쇼를 기대했는데 운이 없었는지 돌고래를 볼 수 없었다.

아프리카 땅끝마을인 아굴하스까지 도로는 왕복 2차선(편도 1차선)의 직선으로 이어진 도로가 20km 이상인 곳도 있다. 바위를 깎아 건설한 해안도로를 지날 땐 등골이 서늘할 만큼 긴장된다. 도로 폭은 좁고 갓길은 풀이 무성하여 운전이 조심스럽다. 속도제한은 100km 또는 120km이지만 모두들 제한속도를 초과하는 과속으로 달려 무서웠다. 비포장도로를 달릴 땐 먼지도 날릴 뿐 아니라 차고가 높은 다인승 차량이라 더욱 출렁거린다. 운전하고 가는 길에 어린 거북이가 도로를 건넌다. 바닷가는 먼데 엄마 거북이 알을 너무 먼 곳에 낳았나? 그냥 놔두면 다른 차에 치일 것 같아 도로 끝으로 옮겨주기 위해 거북을 위로 들었더니 놀랐는지 공중에 들린 채로 오줌을 싸댄다. 저를 구해주는 일인데 생전 처음 당하는 공중 부양에 놀랐나 보다.

bnb를 잘못 찾아갔는데 건너편에 거주하는 주민이 친절하게 집주인과 통화하여, 같은 지명인데 12km 떨어진 곳이라고 알려주어 원래 계약한 bnb를 찾아갈 수 있었다. 시골 마을 땅끝, 사람들이 찾지 않는 곳이라 그런지 침실 3개에 정원까지 갖추었는데 1박에 54$로 저렴하다.

아굴하스 레스토랑에서 식사를 마치고 나가는 손님에게 선셋과 해돋이 뷰포인트를 물어보는데, 도중에 나한테 러블리하다며 갑자기 끌어안았다. 남편은 옆에서 웃고 있고⋯. 어디서 왔냐고 묻기에 Korea라고 하니, 김정~ 한다. 내가 김정은? 하니 요즈음 그자가 매일 텔레비전에 나온다고 한다. 오늘이 동계올림픽 개막식 하는 날인데 평창을 아느냐고 물었더니 모른다는 대답을 한다. 그럼 대한민국대통령 문재인을 아느냐고 물었더니 '문'은 모르고 '김정은'은 알고 있다고 한다. 오~ 이런.

# 아프리카의 땅끝 아굴하스

5시 30분에 일어나 6시 8분에 해돋이를 보았다. 인도양에서 해가 떠오르고 대서양으로 해가 저무는 아프리카의 맨 밑 아굴하스Cape L'Agulhas에서는 해돋이와 해넘이를 같은 자리에서 볼 수 있다.

아굴하스의 경선(동경 20도)은 대서양과 인도양의 공식 경계선으로 되어있어 표지판과 경선을 따라 경계선이 설치되어 있다. 아굴하스라는 이름은 포르투갈어로 '바늘들'이라는 뜻인데, 많은 배를 난파시키는 암석과 암초들을 일컫는 것이다. 인도양과 대서양을 구분 짓는 아프리카대륙의 땅끝에 팻말과 동판이 설치되어 있다. 인도양의 바람과 대서양의 바람이 맞부딪치고 사나운 두 해류가 만나서일까? 난파되어 두 동강 난 배가 파도에 부딪혀 기울어져 있다. 아굴하스 대륙붕은 난류와 한류가 만나는 황금 어장으로 그물을 끌어 해저에 사는 고기를 잡는 트롤어업이 활발하다고 한다.

아굴하스를 출발하여 프랑슈후크Franschhock로 가는 길, 산 정상 전망대에서 일행이 사진 찍고 간식 먹을 때, 꼬불꼬불한 급경사를 운전하고 내려갈 일이 걱정되어 급경사 커브가 있는 도로까지 걸어가 내려가는 주변 길을 한참 살폈다. 승합차의 높은 운전석에서 내려다보며 급경사의 커브 길에서 운전할 일이 만만치 않게 생각되었다. 생전 처음 경험하는 위험한 운전이었다.

프랑슈후크는 스텔렌보쉬 산맥의 남쪽 사면에 위치한 도시로 이민 온 칼뱅파의 정착지이며, 지금은 은퇴한 백인들이 모여 사는 조용한 마을이다. 이 지역은 와인루트에 걸맞은 케이프 지방의 요리중심지로서 자리 잡기 시작했다. 요리 산업이 발달한 것은 17세기 말 가톨릭을 국교로 하던

프랑스에서 종교적 박해를 피해 탈출한 신교도인 위그노 난민이 정착하면서 프랑스 요리의 발달과 더불어, 동인도회사에서 케이프 식민지를 개척함에 따라 네덜란드계 백인인 보어인이 진출하여 발전하였다고 한다. 그래서 시내 도로변에 와인 상점과 화랑이 즐비하고 멋진 레스토랑도 많다.

프랑슈후크 시내에서 와이너리까지 6개 라인(오렌지, 퍼플, 블루, 그린, 레드, 옐로)의 와인트램 또는 와인버스를 운행한다. 네덜란드 식민지 당시의 낡은 건물이지만, 책을 펴서 엎어놓은 모양의 박공지붕에 흰색 페인트를 칠한 고풍스러운 집들이 고스란하게 남은 도시이다. 마침 주말이라 개미시장이 열리고 있었다. 특산공예품으로 직접 제작하여 팔고 있는 가죽 팔찌를 기념품으로 구입했다.

케이프타운에서 동쪽으로 80km 거리에 있는 남아공 와인의 수도로 불리는 대표적인 와인 생산지인 스텔렌보쉬Stellenbosch는 용커슈크→드라켄스타인→시몬스버그 산맥에, 남쪽으로는 스텔렌보쉬 산맥으로 둘러싸였다. 남아공에서 가장 경치 좋은 길 중 하나인 헬쇼크트 패스를 따라 프랑슈후크 계곡 내리막길을 지나면 시내가 나온다.

스텔렌보쉬에는 남아공 와이너리 30%에 해당하는 200개가 넘는 와이너리팜이 산재해있다. 와인 생산지답게 이 지역에는 와인연구소와 와인교육

개미시장

기관, 와인에 관련된 기관 등이 많다고 한다. 우리나라에서 수입하는 남아공 와인 대부분이 이 지방에서 생산된 것으로 레드와인인 '카베르네 소비뇽, 쉬라즈, 피노타주'와 화이트 와인인 '소비뇽 블랑, 샤르도네' 등이 있다.

다운타운으로 가는 길 양옆으로는 천혜의 포도밭이 펼쳐져 있다. 케이프타운에 이어 남아공에서 두 번째 오래된 유럽인들의 정착도시라는데 신교도들이 정착하여 세운 대학 캠퍼스가 시내 여러 곳에 나뉘어 있고 신학대학이 유명하다. 스텔렌보쉬 대학 캠퍼스 내에는 보타닉가든과 대학에는 포도주와 관련된 세계적으로 권위 있는 양조학과도 있다고 한다. 1679년 케이프 식민지 네덜란드 초대 총독인 시몬느 반 델 스텔Simon van del Stel에 의해 발견되었으며 자신의 이름을 따서 스텔렌보쉬네덜란드어: Stel's Bush라고 명명한 식민도시이다. 가로수로 거목의 참나무가 많아 별칭이 오크시티Oak City라 한다.

Duch Reformed Church

　스텔렌보쉬 지방이 와인생산지의 출발점이 된 것은 1652년 네덜란드의 동인도회사 무역을 위한 보급기지가 케이프타운에 정착한 이후다. 당시 교역을 위한 인도양 항해가 늘었고, 범선의 오랜 항해로 비타민이 부족해 선원들에게 괴혈병이 발생하였는데 이를 해결하는 방안으로 비타민C가 풍부한 와인을 만들기 위해 포도나무를 장려하여 기온이 적합한 이 일대가 와인생산지가 되었다고 한다. 이후 네덜란드에서 대량 이주가 시작되었고, 남아프리카의 네덜란드 이주인移住人들을 '보어인'이라고 불렀는데 '보어'는 네덜란드어로 농부를 뜻한다.

　시내는 케이프 더치(케이프 네덜란드)양식의 건물들로 주민들보다 관광객이 더 많으며, 유럽의 오랜 도시에 온 느낌이다. 19세기 말 보어인들과 영국 사이에 남아프리카의 다이아몬드와 금광산을 놓고 보어전쟁이 벌어졌다. 보어전쟁 후 영국이 승리하여 이곳이 영국왕실의 식민지가 되었다. 그 영향으로 지금 내가 어렵게 운전하는 이 자동차의 통행방식과 차량 설비는 영국과 같은 형식이고…

　벼룩시장 옆 마틴슨로드와 유니로드가 만나는 지점에 하얀색의 아름다운 교회 Duch Reformed Church가 있다. 1717년에 설립된 교회인데 스텔렌보쉬에서 가장 오래된 교회다.

케이프타운에 도착하여 Cape Suites Hotel에 짐을 풀었다. 말이 호텔이지 방이 3개인 아파트이다. 바다가 바라다보이는데 서핑과 낚시하는 풍경, 개를 데리고 해변을 산책하는 주민이 보이는 평화로운 동네이다.

오늘은 케이프타운의 마지막 날이다. 쇼핑몰을 찾았지만 공산품은 어느 나라나 비슷비슷한 규격품 같고, 뭔가 아프리카다운 기념품을 구입하려고 했지만 부피가 크거나 조잡하다. 쇼핑몰은 관광객들로 북적이는데 어느 가게나 주인은 백인이고, 점원은 흑인이다. 아침에도 트럭 위에 십 수 명의 흑인들이 올라타고 일터로 가는 것을 보았다.

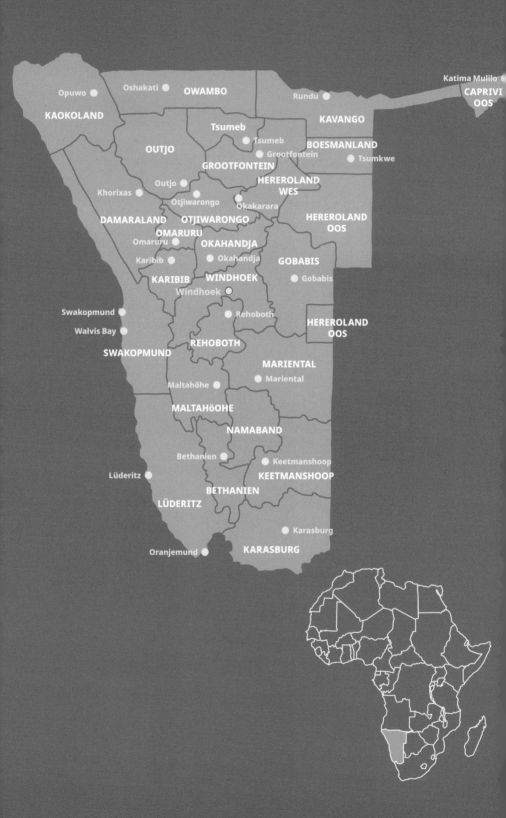

# 2장 나미비아

Republic of
Namibia

| | |
|---|---|
| 수도 | 빈트후크(Windhoek, 25만 명) |
| 면적 | 824,292㎢(남한의 8배, 세계 34위) |
| 인구 | 2,700,000명(세계 143위, 2018년) |
| 언어 | 영어(공식), 아프리칸스어(공용) |
| GDP | 11억 7,650만$(국내총생산, IMF: 2017년) |
| GDP/1인당 | 11,610$(WORLD BANK, 2017년) |
| 화폐 | N$(나미비아달러) |
| 전압 | 220V |
| 국화 | 웰위치아 미라빌리스(Welwitschia Mirabilis, 사막의양파) |
| 국조 | 아프리칸 피쉬 이글(African fish eagle) |
| 여행경보 | 여행경보단계: 없음 |

# 국경선 - 서구 열강의 아프리카땅따먹기 결과

렌터카회사에 승합차를 반납했다. 주행차선 왼쪽과 오른쪽을 착각하여 실수로 역주행도 했었지만 다행히 운전사고가 없었던 것은 교통법규를 잘 지키는 남아공 운전자의 양보와 미숙한 운전자 옆에서 잘 챙겨준 내 비게이터 정 박사 덕분이다. 승합차 반납 시 체크한 계기판의 주행거리는 825km였다. 직원이 차량을 꼼꼼하게 살피더니, 앞범퍼에 약간 흠집이 생겼는데 대여할 때 원래 있던 부위에 추가로 생긴 것이라며 사고가 없었던 것으로 인정해 준다고 했다. 범퍼에 접촉한 사실은 없었지만, 무사고로 인정해 준다는데 기분이 OK다. 운전 못 하는 드라이버를 만나 승객 6명과 무거운 짐을 싣고 비포장도로와 초행길을 다녔으니 자동차가 고생했을 것이다.

10시에 인터케이프 버스터미널에서 국제버스를 타고 나미비아 빈툭으로 향했다(버스운임 R680). 특이한 것은 승객의 배낭과 가방을 버스에 싣

케이프타운 인터케이프 국제버스터미널        사막의 휴게소

는 것이 아니라 트롤리에 싣고, 대형의 기다란 이층버스와 트롤리를 연결하여 운행한다(나미비아 수도 빈툭까지 22시간의 긴 여정을 시작한다). 버스에서 보이는 주변의 지형은 모두 테이블마운틴처럼 편평한 바위산으로 이어져 지평선이 아닌 산평선처럼 보인다. 도로변은 열대소나무, 유칼립투스, 포도밭, 사과나무 농장을 지나 아무 쓸모 없는 돌로 된 산과 사막으로 이루어졌다. 특이한 것은 열대지방인데 비닐하우스 재배를 한다. 야간에 기온이 내려갈 때 보온효과로 냉해를 방지하기 위함이다. 주변 토양은 빨간 사막에 가시덤불이 자라는 가도 가도 사막의 연속이다. 철길이 도로와 나란히 나 있지만 몇 시간을 달려도 대평원의 연속으로 아이맥스 영화 속을 달리는 느낌이다. 평원에 간혹 타조도 보이고 나무도 없는 사막에서 소가 풀을 찾으며 이동한다.

액티비티가 아니더라도 내가 운전하지 않고 다른 사람이 운전하는 차를 타고 풍경을 감상하면서 상념에 잠길 때처럼 좋을 때가 있을까?

좋다, 좋다, 좋다! 그저 좋기만 하다.


트롤리를 끌고 가는 버스는 운전사 2명, 사무장 1명, 여승무원 1명이 운행한다. 중간휴게소에서 여승무원이 사진을 찍으라며 모델 포즈를 취해주고 자기 스마트폰으로 함께 셀카를 찍으며 나미비아 자랑을 늘어놓는다. 휴게소 커피는 1,300원 정도로 비싼 편이다. 아프리카 도로사정은 중앙아메리카보다 훨씬 훌륭하다. 굴곡이 거의 없는 직선도로가 대부분이다. 광활한 사막을 가로질러 그런 경우도 있겠지만 아프리카 국경은 대부분 직선인 경우가 많다. 나미비아의 경우도 내륙 쪽인 동쪽으로 남아프리카공화국과 보츠와나의 국경 약 2,000km에 걸쳐 직선으로 - 지형에 따라 간혹 들쭉날쭉한 지역도 있지만 - 그어져 있다.

이렇게 된 연유는 서구 열강의 아프리카 땅따먹기 때문이다. 보통의 국경선은 큰 산과 강을 지리적인 경계로 하거나 부족 등 다양한 상호 이해에 따라 구불구불 복잡하게 이루어진다. 특히 아프리카는 초원과 밀림, 사막으로 이루어져 국경의 개념이 모호하였다. 그저 부족들의 생활범위로 이루어진 것이 경계선이었다. 그러나 열강들은 1880년대 후반, 기회의 땅 아프리카대륙으로 눈을 돌리면서 아프리카 식민지 쟁탈전에 돌입했다. 독일 초대총리 비스마르크는 베를린 취임 첫 연설에서 "오늘날의 중대한 문제는 오로지 철과 피로서만 해결할 수 있다"고 한 이른바 『철혈연설』을 하고, 숙원이었던 신성동맹(러시아, 독일, 오스트리아)을 부활시킨 후 아프리카대륙으로 눈을 돌려 1884년 영국과 식민지 분쟁에 나서 1년 만에 카메룬, 동아프리카, 남서아프리카를 획득하였다. 그리고 1884년 독일 베를린에서 열린 일명 콩고회의에서 참석한 참가국들의 식민지를 유지하기로 했다. 아프리카 토착민이 정치하기에는 너무 미개하다는 구실로 아직 점령되지 않은 아프리카 내륙의 영토를 실제 부족민들의 의사와는 전혀 관계없이 참가국들의 이해와 이익을 우선으로 하여 스테이크 자르듯 영토를 나눠 가진다며 지도에 선을 그었다.

이른바 아프리카 땅따먹기 회의에 참석한 오스트리아, 벨기에, 덴마크, 독일, 프랑스, 헝가리, 홀랜드, 러시아, 포르투갈, 스웨덴, 스페인, 터키, 노르웨이, 미국 등 14개 나라는 아프리카인을 철저히 배제한 상태에서 자국의 이익을 우선으로 지도에 선을 그었다. 아프리카 원주민들의 문화, 부족,

언어, 종교, 정치, 지리학적인 이해가 부족한 상태에서 부자연스럽게 그은 식민지 경계선이 식민지 독립 후 국가 간의 국경선으로 굳어져 인위적인 50여 개 국가를 만들어 버렸다. 그 결과 지금까지 독립한 국가와 국가 간, 또는 부족과 국가 간, 부족과 부족 간에 국경선을 새로 정해야 한다는 분리주의와 합병해야 한다는 세력 간에 민족분쟁, 종교분쟁, 영토분쟁 등 다양한 충돌이 끊임없이 유발되는 중이다.

10시간 걸려 국경인 Vioolsdift에 도착했다.

남아프리카공화국 국경통과 시에는 트레일러의 짐을 꺼내 일일이 검사한다. 자동 X-Ray 검사라도 하면 좋으련만 인건비 싼 원주민들을 고용하여 검사한다. 출국할 때 한 짐 검사를 국경의 오렌지 강을(1km) 건너 또 한 번 하느라 많은 인력이 국경을 통과하는 승객의 짐을 풀어헤치고, 검사 후 또다시 짐을 싸야 하고, 이를 다시 트레일러에 싣는다. 인접한 두 나라가 한 곳에서 출입국 검사와 짐 검사를 한다면 인건비도 아끼고 시간도 단축되어 좋으련만….

나미비아출입국사무소에 들어서면 포스터가 맨 먼저 우리를 맞는다.

〈마약에 관용이 없다〉는 글귀다. 아프리카와 마약은 항상 붙어 다니는 수식어 같다고나 할까? '도핑테스트'에서 도핑의 어원은 남아프리카공화국에 사는 카피르부족이 사냥이나 전투할 때 원기를 북돋기 위해서 마시는 일종의 술로 '도프'라는 액체인데 마약 또는 약물의 뜻으로 영어표기로는 'dope'라고 한다. 부자도 아닌 가난한 아프리카에서 마약을 하는 이유가 뭘까?

나미비아에서부터는 인종의 색깔이 확연히 달라진다. 승객들도 한 쌍의 여행객 커플을 제외하고는 모두 흑인이다. 22시간이 넘는 거리이기 때문에 백인들은 비행기를 이용하거나 각자 승용차로 이동한다고 한다. 출입국 사무소 직원은 여직원 둘인데 1명은 어린 아들을 데려와 함께 근무하고 있었다.

나미비아 마을 대부분은 지붕 위에 태양전지판과 위성수신 안테나를 설치하였다. 문명의 이기가 이들의 삶을 변화시킨다. 고도계는 1,778m를 가리켰다.

나미비아 국경에서 짐 검사를 기다리는 버스 승객들

# 부시맨의 고향

고원지대 평원, 지평선 저 끝에서 떠오르는 해돋이는 장관이다. 평원이라 어디 한 곳 그늘지지 않고 고루 햇빛이 비친다.

오전 8시 30분 나미비아 수도 빈툭Windhoek에 도착했다. 케이프타운에서 22시간 30분 걸렸다. 긴 버스 이동시간에 엉덩이와 허리가 시련을 겪는다. 수도 이름은 '윈드호크'가 아닌 독일식 발음이다. 원래 이곳 지명은 'winterhoek'였는데 독일이 점령하여 식민지화되면서 아프리칸스어로 '바람 부는 모퉁이'란 뜻의 'Windhoek'로 명칭이 바뀌었다 한다. 서남아프리카의 나미비아가 1890년대 독일 식민 지배로 보호통치를 받아 그렇게 된 것으로 여겨진다.

나미비아는 1990년 3월 1일 아프리카에서 53번째 독립국이 되었다. 나미비아는 영국의 식민통치를 받지 않았는데도 영연방에 가입되어 있다. 그 사유는 독일이 세계 1차대전에서 패전하자 남아프리카연방에게 위임통치를 받았고, 아파르트헤이트 영향을 받아 인종차별을 받던 시기인 1920년~1990년까지 무려 70년 동안 이 통치가 이어졌기 때문이다. 독립투쟁을 하였으나 좌절되었고, 남아프리카공화국이 인종차별 정책으로 국제사회에서 점차 고립되기 시작하면서 나미비아는 국제적 동정과 지지를 받았다. 그 과정에서 이웃 나라인 케냐, 잠비아, 탄자니아 등 영연방 국가들의 도움을 받았고, 그 때문에 영국과 전혀 관계도 없었으면서 영연방에 가입되었다. 독립은 했지만 인구도 워낙 적고 산업도 낙후되어 남아프리카공화국에 경제적으로 종속된 관계로 지금도 남아공 화폐인 랜드를 나미비아 화폐로 사용한다. 종족은 오밤보, 카방고, 헤레로, 다마리족의 흑인들이며 남아프리카에서는 드물게 인종 간 충돌이 일어나지 않은 나라다. 영화 〈부시맨Bushmen〉에서 하늘에서 비행기 조종사가 던진 난생처음 보는 빈 콜라병을 주워들고 고민하던 종족들의 추장 카이Xixo가 그걸 신의 물건이라고 생각하고 땅끝까지 가서 임자에게 돌려주기 위해 먼 길을 나서는, 문명 세계와의 생활방식 차이로 충돌과 소동을 일으키는 부시맨의 고향이기도 하다. Bush는 수풀이라는 뜻으로 부시맨은 수풀에서 사는 종족을 의미한다.

나미브Namib의 어원인 나마Nama는 '엄청 넓은Vast Place, 아무것도 없는'이라는 뜻이다. 즉, 나라 이름이 '엄청나게 넓고 아무것도 없는 나라'이다. 나라 이름은 나미비아이지만 정작 그 국호의 기원이 되는 나미브라는 지명은 북쪽에 접한 국가인 앙골라에 있다고 하니 서구열강이 식민통치 시절 이름을 잘못 지었거나 베를린의 콩고회의에서 국경을 서구열강들이 마음대로 그은 것이 아닐까? 면적은 약 82만 4천㎢로 우리나라의 8배 넓이에 인구는 우리나라의 21분의 1인 270만 명이다.

숙소인 게스트하우스Chameleon는 배낭여행자 전문숙소이다. 아직 이른 시즌이어서 붐비지 않았다. 수영장이 있고 부엌과 식당, 휴게실, 당구대, 널찍한 주차장도 있다. 사무실에는 8명이 근무하는데 백인 두 명을 제외하고는 모두 현지인들이다. 백인 주인이 현지인을 고용하여 운영한다. 마당 빨랫줄에 빨래를 널다 보니 구석에 텐트 3개가 쳐있다. 이 더위에 게스트하우스 고용인들이 텐트에서 생활하는 것이다. 나미비아 지방 출신의 일꾼들이 돈 들여 방을 얻기보다 생활비를 아끼기 위해 천막생활을 하는데 이를 보는 마음이 짠하였다.

게스트하우스 방엔 재미있는 경고문이 있다. 〈빈툭을 경험해 보세요. 시내에 나갈 때 귀중품이 든 가방을 갖고 나가면 틀림없이 칼을 든 강도한테 당할 것입니다.〉 어쩐다? 귀중품을 넣은 가방은 없지만, 카메라만 해도 렌즈가 길어 눈에 띄기 쉬운데! 돈은 비밀 지갑에 넣어 발목에 차고, 안전벨트에 분산했으니 괜찮겠지~ 하고 숙소를 나서 전통시장에 들렀다. 목각, 가죽제품, 보석, 수공예품, 천을 이용한 공예품 등이 있다. 대형마켓은 여

느 도시처럼 세일 중이고 밸런타인데이를 앞두고 꽃과 초콜릿을 판다. 마켓 계산대에서 내 뒤에 선 여자 분이 내가 메고 있는 카메라를 가리키며 조심하라고 경고한다. 집사람한테는 앞에 멘 가방을 가리키며 위험하니 주의하고 어두운 저녁 이후에는 더욱 위험하니 외출을 삼가라고 주의를 주었다. 일일이 챙겨줘 고맙다고 인사했다. 물가는 망고 1개 800원, 치약 100g 1,000원, 쌀 1kg 5,400원, 생수 5ℓ 3,000원 정도로 보통이다. 조심조심 숙소로 돌아와 밥을 짓는데 고도(1,700m)가 높아 밥이 설익어 뜸 들이는 데 시간이 오래 걸렸다.

이날 밤 숙소 욕실이 물바다이다. 초저녁에는 변기에 물 공급이 안 됐었는데 심야엔 변기의 물이 넘쳐흘렀다. 물이 귀하여 리사이클링한 물을 공급하는데 뭐가 잘못되었는지 계속하여 흘러넘쳤다. 아까운 물이~

# 아무것도 없는 땅, 나미브 사막

오늘은 나미브 사막으로 떠나는 날이다.

나미브 사막Namib Desert은 원주민어로 '사람이 없는 땅, 아무것도 없는 땅'이라는 뜻이다. 나미브 모래 바다Namib Sand Sea라고도 하는데, 모래 바다는 아프리카대륙의 내륙에서부터 어떤 물질이 수천km 이상 이동하여 거대한 사구를 형성했고, 이는 강의 침식, 해류, 바람이라는 3중의 이송체계가 만들어낸 최상의 자연현상으로 2013년 유네스코에 등재된 세계문화유산이다.

나미브 사막은 1억 5천 년 전에 만들어진 세계에서 가장 오래된 사막이고 무려 5,500년 동안 메마른 상태라고 한다. 이곳에 사는 동물과 식물들은 비가 거의 내리지 않아 대서양에서 불어오는 습기를 머금은 안개에 의존해 살아간다고 한다. 앙골라 남부 나이베에서 나미비아를 거쳐 남아프리카공화국의 오렌지강까지 길이 1,900km, 폭 130~160km로 대부분 끝없는 모래밭이며 모래 언덕들이 줄지어 늘어선 형태이다.

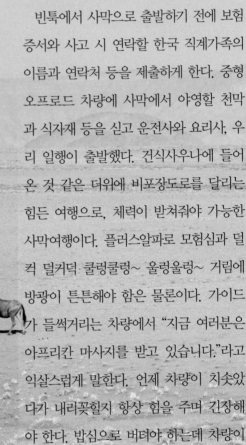

빈툭에서 사막으로 출발하기 전에 보험 증서와 사고 시 연락할 한국 직계가족의 이름과 연락처 등을 제출하게 한다. 중형 오프로드 차량에 사막에서 야영할 천막과 식자재 등을 싣고 운전사와 요리사, 우리 일행이 출발했다. 건식사우나에 들어온 것 같은 더위에 비포장도로를 달리는 힘든 여행으로, 체력이 받쳐줘야 가능한 사막여행이다. 플러스알파로 모험심과 덜컥 덜커덕 쿨렁쿨렁~ 울렁울렁~ 거림에 방광이 튼튼해야 함은 물론이다. 가이드가 들썩거리는 차량에서 "지금 여러분은 아프리칸 마사지를 받고 있습니다."라고 익살스럽게 말한다. 언제 차량이 치솟았다가 내리꽂힐지 항상 힘을 주며 긴장해야 한다. 밥심으로 버텨야 하는데 차량이 계속 흔들리다 보니 먹은 것이 다 꺼져버렸다. 나미비아 사막에 태어나지 않고 대한민국에서 생활함에 고마워하며 견뎠다.

사막에 타조도 보이고 어쩌다 롯지Lodge.오두막와 폐광한 구리광산이 보인다.

캐나다 프레이저연구소의 자료에 따르면, 나미비아는 우라늄, 구리, 리튬, 다이아몬드, 아연, 금, 납 등의 지하자원이 많아 아프리카에 대한 투자 매력도에서 2위라고 한다.

4시간 달려 사막 중간의 휴게소에 들렀는데 깨끗한 환경에 주인은 백인이고 종업원들은 싼 인건비의 나미비아인들인데 맥주가 커피보다 싸다. 아무것도 없는 사막의 중간휴게소에 돈을 벌려고 사람이 근무한다. 돈, 돈, 돈의 위력이 사막에까지 미친다.

도착한 세스리엠 국립공원 캠프Sesriem campsite는 입구에서부터 예약되었는지 확인한 후 야영할 캠프 번호를 알려준다. 캠프 안에는 식당, 바, 조그만 슈퍼, 주유소 등의 편의시설과 공동목욕탕, 공동화장실이 있다. 휴게시설 옆 큰 나무에 열매 같은 둥근 것이 매달려있는데 박쥐 집이라고 알려준다.

세스리엠 또는 세스림은 나미브말로 '여섯'이라는 뜻이라고 한다. 원주민들이 동물을 사냥해 여섯 마리씩 묶은 데에서 마을 이름이 유래했다는 말과 보어인들이 오릭스 가죽으로 만든 벨트 여섯 개를 이어서 만든 줄로 물을 길었다는 데서 유래했단 말이 있다.

가이드 투리모 케네디의 설명에 따라 각자 2인용 텐트를 모래 마당에 설치했다. 어떤 곳은 돌로 낮은 담을 쌓아놓은 울타리 안에 캠핑카를 세워놓고 불을 피우게 마련해 놓기도 했다. 가이드가 텐트에서 자고 일어났을 때 매트 밑에 스콜피온이나 커다란 개미가 있을 수 있으니 주의하라고 당부한다. 모래 마당에 수도 꼭지는 있는데 하수구는 없다. 물을 버리면 모래로 그냥 스며든다. 정부에서 운영하는 캠프시설로 끊임없이 급수차가 물을 탱크에 공급한다. 사용료를 받지만 깔끔하고 좋다(캠핑료 1박 1인당

박쥐집
메르스가 검출된 동물의 98%가 박쥐다. 메르스, 사스, 에볼라 등 각종 바이러스의 온상이다. 날면 체온이 40도 까지 올라가 바이러스를 억누른다고 한다.

130NDA(15$)). 요리사는 물을 아끼는 게 생활화되었다. 아주 작은 그릇에 물을 받아 야채와 과일을 씻은 다음 버리지 않고 설거지까지 마친다.

사막의 그늘 집에는 세계 각국에서 온 여행객들이 쉬고 있다. 맥주가 커피보다 저렴하고, 아이스크림은 커피보다 비싸다. TV에서는 평창 동계올림픽에서 우승한 선수의 시상식이 중계되었다. 독일에서 온 여행객들이 많

은데 열심히 응원하며 독일의 우승을 자랑한다. 사막에서 숙박과 투어를 따로 하는 관광객은 별로 없다. 개인 여행의 경우 사막에서 이동 시 길을 잃을 수도 있거니와 차량이 모래구덩이에 빠지거나 고장 나면 어찌할 방법이 없기 때문이다. 숙박과 투어를 함께하는 여행사를 이용하면 좋은 점은, 사막투어 시

필요한 간단한 장비만 챙기고 큰 배낭이나 가방은 빈툭의 호텔에 맡겨 놓으면 된다는 점이다. 차량을 렌트하여 캠프까지 이동했더라도 일출과 일몰을 감상하려고 듄(언덕)까지 가는 자동차는 사륜구동의 특수차가 아니면 안 된다. 사륜구동의 자동차를 렌트하였더라도 운전미숙으로 모래더미에 빠질 수 있다. 성수기에는 캠핑장 예약하기도 어렵고 공동 목욕시설과 화장실도 줄 서야 한다는데, 다행히 비수기여서 그런 일은 없었지만 거리가 멀어 한 번 갔다 오면 발에 모래 묻는 것을 각오해야 한다.

사막의 해넘이를 보기 위해 6시에 캠프를 출발했다. 캠프에서 약 5km 정도에 엘림듄Dune Elim이 있다. Dune은 모래언덕砂丘을 말한다. 곱고 빨간 모래로 이루어졌는데 모래언덕을 올라갈 때 발이 푹푹 빠진다. 철 성분이 많

은 모래가 오랜 기간 산화작용을 거쳐 붉은 황톳빛의 색깔을 띤다. 철 성분이 많아 지남철(자석)이 있다면 달라붙는 까만 쇳가루를 볼 수 있을 텐데…. 등산화를 벗고 맨발로 가려고 했으나 모래에 군데군데 가시나무가 자라고 모래 속에 가시가 있어 어쩔 수 없다. 신발 속에 모래가 들어와 무거운 발길을 옮긴다. 30여 분간의 오름 끝에 드디어 정상에서 황홀한 일몰을 감상했다.

　다시 캠프장으로 돌아와 저녁 식사 후 텐트 안으로 들어갔다. 모래 마당에 깐 매트가 땅의 열기로 데워져 전기장판처럼 뜨끈뜨끈하다. 내가 누운 밤하늘에서 신비스럽고 찬란한 별과 은하수가 쏟아진다. 모기가 물어 뒤척이는데 짐승이 텐트 주변에 어슬렁거려 손전등을 비추고 소리를 질러 쫓았다. 긴칼뿔오릭스Oryx, 보츠와나 화폐 5Pula 뒷면에 그림이 있다. 일본 오사카 명문 프로야구팀을 상징하는 동물이 오릭스 버펄로스이다.인데, 엘림듄에 갈 때 언덕 아래에서 보았는데 밤이 되

니 야영장 쓰레기통을 뒤진다. 이렇게 지구에서 가장 오래된 나미브 사막
에서 별들을 바라보며 밤을 보낸다.

# 죽음의 계곡, 데드 블레이

나미브 사막의 일출을 보러 가는 아침, 가이드가 시간을 잘못 알려줘 1시간 이른 네 시 반에 기상했다. 새벽 나미브 사막 하늘에서 별똥별이 떨어지고 있다. 어렸을 적 시골에서 본 기억이 되살아나는 순간이다. 별똥별을 보고 소원을 빌면 이루어진다고 했었는데, 이럴 줄 알았다면 소원을 미리 생각해 놓았을 텐데, 쉭~ 떨어져 버린다. 타이밍을 못 맞췄다. 이 나이에 별똥별을 보고 소원을 빈다고? 누가 소원을 들어주지도 않겠지만 뻔뻔한 생각이다. 하지만 감성은 살아있다.

일출 장면을 볼 수 있는 장소는 듄45DUNE45이다. 나미브 사막의 모래언덕DUNE에 국립공원관리 차원에서 번호를 붙이는데 그중에서 45번째 붙여진 이름이라 한다. 그러나 어떤 사람들은 우연하게도 듄45가 세스리엠 캠프장에서 45km 떨어져 있기 때문에 그런 것이라고 안다고 한다.

어둑어둑한 여명에 모래언덕을 오르는 길은 발이 푹푹 빠지고 몸의 중

심이 흐트러진다. 모래등성이는 무너져 내리지만 결코 무너지지 않고 금세 모습을 되찾는다. 한 발 한 발 발걸음을 내디딜 때마다 발이 모래 속으로 깊숙이 빠져들고 한 걸음 내딛고 다른 발을 모래에서 빼서 옮길 때는 몸이 휘청거린다. 발을 움직일 때마다 세세한 붉은 모래가 물처럼 흘러내린다. 모래산등성에 서서 언덕 아래를 내려다보면 아찔하여 어떤 때는 발걸음을 떼지 못하고 모래 속에 깊게 발을 디밀어 조금씩 전진하곤 했다. 듄45는 해발 590m, 표고 150m이다. 벌써 올라간 사람들은 저마다 좋은 위치에 자리를 잡고 태양이 솟아오르기를 기다린다. 빨리 갈 마음에 급해질수록 무섭기도 하여 발걸음이 어지럽다. 드디어 지평선 넘어 붉고도 푸른빛이 여명을 뚫고 불타는 빨간 태양이 얼굴을 내민다. 순간 모래언덕은 태양빛을 받아 뚜렷한 음영을 보여주고 붉은 모래는 햇빛을 받아 반짝거린다.

이 감동! 이 황홀함이여~

감동을 뒤로하고 강렬한 햇빛이 모래언덕을 내리비추기 시작하면서 대지를 서서히 달군다. 모래 산 정상에서 어떤 사람은 구르기도 하고, 미끄러지기도 하면서 순식간에 언덕 밑으로 내려간다. 구르지 않기 위해 모래에 발을 내려 깊게 꽂으며 내려왔다. 등산화와 양말 속으로 모래가 들어와 무거운 발걸음이다. 나미브 사막에는 무려 150개가 넘는 사구모래언덕가 있다.

모래언덕을 내려오니 요리사는 우리가 일출을 감상하는 동안 아침을 준비하고 기다렸다. 식사를 마치고 소서스블레이Sossus Vlei의 데드블레이Dead Vlei로 가기 위해 사막전용 4륜 오픈카를 탔다. 사막을 가로질러 모래구덩이를 달릴 때의 기분은 과연 차가 앞으로 나갈 수 있을까? 하는 의문이었다. 바퀴가 모래 위에서 헛돌기도 하고 엉뚱한 방향으로 나아가기도 한다. 가는 길에 어떤 차는 모래구덩이에 빠져있기도 하고… 데드블레이 옆 350m의 모래 산을 빅대디Big Daddy라 부르는데 어떤 이들은 Crazy Dune미친 언덕이라고도 부른다. 부근에서 가장 높은 모래언덕이다.

데드블레이가 보이는 사막 입구에서 가이드가 반드시 물병을 챙기고 선크림을 바르라고 주의를 준다. 약 30분 정도 걸으니 왼쪽으로 대디듄Daddy Dune을 끼고 사막에 하얗게 거북 등 같이 갈라진 진흙 연못이 나타난다. 죽음의 계곡으로 도기처럼 건조하고 탄 색깔의 나무들이 서 있다. 약 600여 년 전 물이 흘렀던 강이 수맥이 차단되어 말라버리고, 고사한 아카시아 고목이 썩지 않고 미라처럼 말라있다. 아카시아 나무는 땅속으로 50m까지 뿌리를 내린다는데 깊은 땅속까지 완전히 말라버렸는지, 물을 공급받지 못하고 죽은 아카시아 나무는 화석처럼 굳었다. 생명체가 없는 공간이라 행성에 온 느낌이다. 데드블레이 입구 Namib Naukluft Park에서 설치한 나무 안내판엔 DEADVLEI 1.1km라고 쓰여 있다. 유네스코가 선정한 세계 10대 절경 중 하나다. 화석처럼 서 있는 고목은 태조 이성계가 조선을 개국할 무렵, 숭례문이 건축될 시기부터 있었을 것이다.

캠프로 돌아오는 길에 세슬림계곡Sesriem Canyon에 들렀다. 길이 3km, 깊이 30m의 계곡으로 6,000년 전 한때 물이 흘렀으나 챠우샤프강이었던 곳이 막혀 지금은 거친 바위에 퇴적암의 돌들이 박혀있거나 구멍이 숭숭 뚫린 절벽 바위 틈새로 파란 하늘만 보인다.

캠핑장의 롯지 종업원이 동료들을 데리고 와서 캔디를 줄 수 있냐고 한다. 엊그제 한국에서 가져온 과자와 캔디를 주었더니 동료들에게 자랑하였나 보다.

그늘집 온도는 38℃, 햇빛이 있는 실외는 44℃로 건식사우나에 있는 느낌이다.

세슬림캠프에 돌아와 텐트 출입구를 열었더니~ 맙소사! 약간 열려있던 틈새 사이로 사막의 바람을 타고 고운 모래가 들어와 매트, 가방, 옷 어디 할 거 없이 모래가 수북이 쌓였다. 사막의 모래는 한 번 들어가면 아무리 털어도 다 털어낼 수 없다. 모래시계에 든 모래보다 더 입자가 곱다. 카메라도 사막에 대비하기 위해 보관 가방을 마련하고 사막에서 촬영할 때는 비닐로 싸매는 등 정성을 다하였었다. 아~ 생각했던 사막의 여정은 이런 게 아니었는데…. 모래가 낭만을 망쳤다. 저만치 바라다보이는 고급 롯지가 부럽다. 거긴 찜통의 천막이 아닌 초가지붕에 밤에 전깃불도 있고, 짐승 걱정 안 해도 되고, 잠자리도 편안하고 수도꼭지에서 물도 콸콸 쏟아질 텐데. 초가집이 고급처럼 느껴지는 사막이다. 모래로 서걱거리는 매트에 라이너를 깔고 잠을 청했다. 아~ 이건 낭만이 아니다.

세슬림계곡

# 논두렁 머리

불편한 텐트에서 이틀 밤을 지내고 세스림을 출발했다. 빈툭으로 돌아오는 길 도로변의 나무그늘 밑에서 점심을 먹었다. 휴게소 주유소에선 주유원이 우리가 한국인임을 알고 미국과 맞장 뜨는 김정은이 최고라며 엄지를 추켜올린다. 우린 남쪽! 했더니, 머쓱해하며 그래도 강력하게 싸우는 그가 최고란다. 이들은 코리아가 남, 북으로 둘인지도 모르는가 보다.

달리는 차 창 밖으로 산 위의 돌들이 햇빛에 반사되어 반짝거린다. 암석에 광물질이 섞여 그렇다는데, 나미비아는 우라늄 생산량이 세계 3위이며 이 밖에 아연과 구리광산이 많다. 호안석虎眼石의 하나인 피터사이트라는 보석은 나미비아에서만 생산된다고 한다. 아무리 반짝거리고 보석이 많다한들 물과 나무 없는 사막은 황량하기 그지없다.

나미브 사막 면적이 남한의 크기와 비슷하고 1,600km의 길이에 수분이라고는 남서쪽에서 미풍을 타고 불어오는 짙은 안개뿐이라고 하니 생물도

살 수 없다. 차량을 타고 반나절을 달렸어도 사람을 볼 수 없다. 광활한 사막에 어쩌다 오릭스나 야생동물 와일드 비스트만 가끔 보일 뿐이다.

너무 날씨가 더워 한낮은 관광할 수 없어 쉬어야 한다. 새벽부터 아침 또는 정오까지, 그리고 해 질 무렵 잠깐 활동할 수 있다. 날씨가 더우니 체력소모도 많고 먹거리도 조심하여야 하고, 밤에는 안전상 돌아다니기가 위험하여 제약이 많다.

게스트하우스에 도착하자마자 빨간 모래가 촘촘하게 박힌 등산화와 옷을 세탁했다. 빨아도 빨아도 붉은 모래알갱이가 물에 섞여 나온다. 세탁하여 빨랫줄에 널 때 왠지 뿌듯하고 기분이 좋다. 햇빛에 두세 시간 말렸더니 금세 건조되었다. 햇빛은 쨍쨍! 온 세상이 건조장이다. 세탁한 등산화를 신고 끈을 매니 새 신발 신을 때의 기분처럼 좋다. 새 신을 신고 뛰어 보자! 폴짝! 머리가 하늘까지 닿겠네~

나미비아 사람들, 특히나 여성들은 벌어진 앞니를 멋지게 장식한다. 예를 들면, 벌어진 앞니의 치아 사이를 이름의 이니셜이 새겨진 멋진 금장식으로 메운다. 우리가 얼굴에 성형하고 손톱과 발톱에 멋을 부리는 것처럼 교정에 멋을 더해 벌어진 앞니를 메운다. 나름 예뻐 보인다.

숙소 벤치에서 앞에 앉은 여행객이 어디에서 왔느냐고 묻기에 한국에서 왔다고 하니, 케이프타운에서 2주일 있으면서 한국 음식 김치를 맛보았다고 한다. 정작 한국 사람인 나는 못 가본 한국식당을 미국인인 그는 갔나 보다. 한국식당이 4개나 있다는데 집 떠난 지 며칠 안 되어서인지 갈 생각을 아예 안 했었다. 케이프타운에서 빈툭까지 22시간 동안 버스를 타고 이동했다고 하니 놀란다. 그는 두 달 동안 아프리카를 여행하는데 계속 비행기로 이동 중이라고 한다. 탄자니아까지 여행한다는데 잔지바르섬이 환상적이니 꼭 가보라고 한다. 옆에 시티투어 가이드의 멋지게 땋은 레게머리가 신기하여 오! 멋진 머리인데! 한 번 만져 봐도 될까? 했더니 만져 보라며 머리를 디민다. 비를 맞으면 물방울이 또르르 굴러 내릴 듯한 윤기 있는 피부에 정성 들여 치장한 논두렁 머리이다. 흑인들은 머리카락이 자라면서 두피에 상처를 입히기 때문에 짧게 깎든지 땋아주든지 해야 한다고 한다. 머리를 치장하느라 돈이 많이 들었겠다 싶다. 우리와 다른 레게머리 스타일인 그들은 머리를 어떻게 관리할까 궁금하다. 어떤 이들은 머리가 헝클어지고 풀어질까 봐 감지 않고 향수를 뿌려서 머리냄새를 중화시킨다고도 하고, 샴푸 물에 담갔다가 빼거나 행주 짜듯 물기를 없애 말린다고도 하고…

# 북한에서 지어준 나미비아 독립기념관

빈툭시내 관광에 나섰다. 우체국을 지날 때 궁금한 게 있었다. 아프리카에서는 전화가 없는 집도 있고, 이동전화를 사용할 수 없는 통화 불가능 지역도 많다. 마을 또는 건물(집)에 우리나라처럼 건물번호 또는 지번이 있을까? 편지와 소포, 택배는 어떻게 전달할까? 이름도 할아버지, 아버지, 아들의 이름이 같은 경우도 있고 한 마을에도 같은 이름을 쓰는 종족들이 많다는데 집배원은 어떻게 이를 구분하여 소식을 전할까?

우체국에 들어서니 엄청난 철재 사서함이 눈에 띈다. 아프리카는 대부분 광활한 지역에 소수의 사람이 살아 큰 도시를 제외하고는 우편배달제도가 없다고 한다. 유목민들은 어쩔 수 없지만 정착하여 생활하는 사람들도 대부분 주소 없이 살아간다고 한다. 대도시의 도심이 아닌 경우 주소나 길이름이 없다. 한국과 같이 우체국에서 배달해주는 서비스가 아예 없다.

대신 사설서비스를 이용하는데 자기한테 편지 또는 소포가 올 것이라고 여겨지면 주소 없이 받는 사람의 이름과 특징이 쓰여 있는 편지(또는 소

아프리카 우체국의 사서함

포)를 버스회사에 가서 이름을 대고 찾아오거나 우체국 사서함서비스를 이용한다고 한다. 우체국에 가서 사서함서비스를 신청하면 사서함 번호와 열쇠를 주는데 가끔 가서 사서함을 열고 확인한다고 한다. 사서함의 우편물은 일정 기간만 보관된다. 아프리카 우편제도는 대부분 PBO(사서함) 방식이고, 국제특급 우편물서비스인 EMS인 경우 수취인이 우체국 현장에서 직원과 함께 내용물을 확인하고 상품 또는 제품에 해당하는 세금(관세)을 납부하고 수령한다고 한다. 이 또한 정해진 기간 내에 찾아가지 않으면 별도의 보관료를 내야 한다고 한다. 이 밖에 고가의 비용을 요구하는 국제물류 특급배송업체인 페덱스, DHL, UPS 등은 주소지까지 전달한다.

나미비아 국립박물관을 관람했다. 일명 오웰 박물관Owe la Museum이라고도 불리는데 입장료는 무료다. 박물관 직원이 전시실 일부 조명이 꺼져있다고 양해를 구한다. 박물관 회랑 입구에는 전쟁 시 사용한 대포를 전시하여 놓았고 내부에는 동물들의 두개골과 턱뼈, 부족들이 사냥하는 모습과

곡식을 빻는 모습 & (위) 나무실로폰 마림바, (아래) 가죽 풀무

사냥 도구, 원주민들이 씨 뿌림인 파종부터 모내기 경작, 추수하여 식량이 되기까지의 과정과 이를 빻는 모습을 재현해 전시했다. 이 외에 부족마다 다른 담배 피우는 기구와 원주민들의 의상, 나무로 만든 전통악기와 동물 가죽으로 만든 북, 현을 사용한 악기, 땅굴 속에 사는 동물을 잡기 위한 사냥 도구, 다른 부족과의 싸움에 사용한 창과 방패, 활 등 무기를 전시하였다. 밀랍인형은 상의를 입지 않고 두건을 쓰고 피부에 황토색을 바른 힘바족 여인과 부시맨을 만들어 전시했다.

학술적으로 전 세계적으로 멸종위기 동물인 치타의 이동 경로와 보호구역을 표시하고, 코끼리, 코뿔소, 독수리, 고양잇과 포유류인 카라칼 Caracal, 갯과의 검은등자칼black-backed jackal 등 칼라하리사막에 사는 동물과 나미비아의 식물에 대해 자세하게 설명을 덧붙여 전시한다.

관람자들을 분노케 하는 것은 아프리카 어느 나라와 마찬가지로 독립되기 전 독일 식민지 시대의 탄압받던 사진과 노예생활 시 쇠사슬에 묶여 강제노동을 당하고 이에 대항하던 노예들의 처참한 처형장면 사진이다. 인상 깊었던 전시는 인종을 연구하는 장면의 사진과 도구였는데, 지배자인 서양인이 피지배자인 나미비아인의 얼굴을 석고로 뜨는 모습The Illusion of conserving a vanishing race을 재현해 놓았다. 독일 식민 통치 기간에 헤레로족이 수탈에 봉기하여 독일군인 100여 명을 살해하자 독일정부는 군대를 보내 헤레로족 병사 3,000여 명을 죽였다고 한다. 헤레로족은 항복했으나 팔만 명의 헤레로족 중 사막에서 65,000명을 살해하고 생존자는 고문과 강제 노역을 시켰다고 한다. 이 때문에 1900년대 초 헤레로족 인구는 15,000명 정도까지 줄었다고 한다. 최근 독일정부는 110년 전 나미비아에서 저지른 식민시대 범죄에 대해 잘못을 공식으로 사과했다. 이후 독일인들의 자본 투자와 나미비아로의 귀화가 많아졌다고 한다.

관람을 마치고 나오며 기부했더니 국립미술관 아트갤러리를 관람하시라며 직원전용의 박물관 후문을 열어준다. 가까이에 있으니 가보라는 것이다. 먼 길을 돌아 갤러리를 찾아가야 할 것을 이들의 호의 덕분에 쉽게 갔다.

National Art Gallery of NamibiaNAGN의 전시회 주제는 Textiles and Textures로 직물과 조화를 주제로 한 천을 이용한 예술이다. 특유의 아프리카 문양은 색채가 진하고 강렬한 느낌으로 약간은 촌스러우면서 신비한 느낌이었다.

가이드가 아직도 존재한다는 헤레로족의 결혼풍습을 얘기해준다.

결혼할 신랑이 신부마을에 찾아가 신부댁 어른들에게 납죽 절하고, 그날 밤, 마을에서는 신부가 될 처자에게 향수를 뿌린 후, 신부의 친구들과 함께 어두운 방에 있게 한 다음, 예비신랑을 방에 들여보내 결혼할 신부를 냄새로 분별하여 찾는 퍼포먼스를 한다. 가끔 엉뚱하게 신부 친구를 잘못 껴안기도 하지만 그럼에도 향수를 뿌린 원래의 신부와 결혼한다고 설명한다. 재밌는 발상이다. 우리나라 풍습과 대비된다. 나미비아 헤레로족이 혼례 전에 퍼포먼스를 한다면 우리나라는 전통혼례 뒤안 광경으로 신랑이 신부 집에 재행再行한 날 저녁, 처가 마을의 청년들이 모여 신랑을 끌어다 놓고 두 다리를 묶어 거꾸로 매달거나 발을 걸어놓고 마른명태나 빨랫방망이로 발바닥을 두들겨 패는 장난을 친다. 왜 남의 마을 처녀를 훔쳐갔느냐? 신랑을 도둑으로 몰아 앞으로 어떻게 할 것이냐? 색시 값은 얼마를 낼 작정이냐? 등의 문초를 하며 술과 안주를 내게 하여 한 상이 잘 차려지면 거기에 모인 마을 청년들과 신랑이 함께 먹고 마시며 안면을 트고 친밀한 정을 나누는 신랑 달아 먹기 – 풍습으로 동상례東床禮라고도 한다 – 와 비교된다.

나미비아 국회의사당 건물은 틴텐팔라스트Tintenpalast, 잉크궁전라고 불리는 신고전주의 건물로 1912년 Herero와 Namaqua 대학살에서 살아남은 헤레로와 나마쿠와 사람들을 강제로 동원하여 지어진 2층의 아담한 건물이다. 국회의원 정원은 104명인데 이 중 26명은 부족들이 선출하고 78명은 국회에서 임명한다고 한다. 국회 야외정원에는 세 사람의 동상이 있는데, 그중 헤레로족으로 100년을 살았다는 할아버지 동상이 있다. 애초 나미비아에는 오왐보Owambo, 헤레로Herero, 다마라Damara, 카반고Kavango, 나마스Namas 등의 부족이 있었는데 서로 잘 몰라 자주 다투었으나, 식민지 시대에서 탄압하자 오히려 부족들을 단결시켜 다른 부족끼리 결혼도 하고 친밀하게 지내게 된 계기가 되었다고 한다. 동상의 주인공이 이들을 화해시킨 인물이라고 가이드가 설명한다. 나미비아는 18개 언어를 사용하며 영어가 공용어이다.

틴텐팔라스트

북한에서 지어준 나미비아 독립기념관 &
초대대통령 샘 누조마 기념동상

　독립기념관 건너 회전 도로 안에 세워진 빈트후크에서 가장 유명한 랜
드마크 중 하나인 빨간 지붕의 루터교회그리스도 교회는 나미비아 최초교회원
래 명칭은 Christuskirche로 1907년 건축되었고 원주민인 나마쿠와 헤레로와의 전
쟁이 끝난 후 1910년 문을 열었다. 첨탑은 24m 높이로 지어졌고 네오고딕
Noe Gothic과 아르누보ART Nouveau 스타일의 외관과 내부의 화려한 스테인드글라
스 창문은 당시 독일의 빌헬름2세Wilhelm2가 기증하였다고 한다. 나미비아
에 있는 독일인을 위해 원주민과의 전쟁 중 건축했는데 200여 명이 예배
를 볼 수 있는 작은 규모이다. 건축은 독일인이 하였지만 1차 대전으로 독
일들이 사용하기보다는 주로 핀란드인들이 예수교를 전파하는 데 이용

나미비아 최초의 교회(루터교회)

했다고 한다. 교회당 벽에는 1차 대전 당시 전사한 1,700여 명 독일병사의 이름과 계급, 전사한 장소를 날짜와 함께 동판에 새겨놓았다. 독일의 정교하고 멋진 시계와 이탈리아의 화려한 대리석 제단으로 장식한 교회가 독일을 위해 전사한 병사를 기리는 장소로 쓰이는 것 같아 씁쓸하다. 나중에 현지인들에게 기독교를 전파하기 위한 교회는 가까운 곳에 3배 크기로 된 교회로 건축했다 한다.

언덕에 위치한 나미비아 독립기념관에 오르면 빈툭 시내 조망을 할 수 있다. 2011년부터 2013년까지의 기간에 걸쳐 건축한 건물인데 웅장하지만 약간 촌스런 건축물이다. 북한에서 지어줬다고 하는데 독립기념관 입구에 나미비아 초대 대통령 샘 누조마Sam Nujoma 기념 동상을 세워놓았다. 누조마 동상 또한 북한 만수대창작사에서 만들었는지 느낌이 북한스럽다고나 할까? 동상의 좌대에 건국 대통령이자 나미비아의 아버지Dr. Sam Nujoma founding, Presentient and father of the Namibian Nation라는 글이 쓰여 있다. 북한 특유의 동상 포즈다. 샘 누조마 대통령은 독립과 동시에 시작한 임기 5년에 10년을 더해 도합 세 번 연임으로 15년을 통치했다.

기념관은 무료인데 엘리베이터의 정원이 20명이었지만 점검에 이상이 있는지 보수할 때까지 한시적으로 탑승정원을 6명으로 제한하였다. – 엘리베이터 입구에 탑승인원 6명이라고 임시로 종이에 써서 붙여놓았다 – 가이드는 우리 일행만 타고 올라가게 하고는 계단을 뛰어 올라왔는지 엘리베이터 문 앞에서 우리를 기다렸다. 엘리베이터 정원 초과 탑승금지를 강제하고 있지 않음에도 권고를 지키는 가이드가 다시금 존경스럽게 느껴졌다. 가이드뿐만 아니라 아프리카에서 느낀 것은 교통질서도 잘 지킨다는 점이다. 정해진 규칙을 지키는 것이다. 기념관 내부는 독립 당시 희생한 국민들의 투쟁하는 대형그림, 실제 탱크와 북한과의 관계 때문인지 당시 북한지도자의 사진도 함께 전시되어 있다.

빈툭의 빈민가는 위험하다 하여 차에서 내리지 못하고 차창으로만 둘러봤다. 전기도 없고, 수도도 없는 '쉐크'라고 부르는 골함석의 양철집이 밀집한 조그만 상자 같은 환경과 열악한 집에서 생활한다.

빈민가에서 가까운 재래시장을 방문했는데 냉장시설이 없어 생선은 아

예 없고 향신료와 말린 새우, 굼벵이 말린 것, 시금치를 삶아 말린 것 등을 판다. 이렇게 말린 식품은 1년 이상 보관이 가능하다고 한다. 육류는 주로 소고기와 양고기를 파는데, 이곳 사람들은 돼지고기는 먹지 않는다고 한다. 육류도 냉장시설이 없이 둥근 탁자에 올려놓고 팔아 파리가 많이 달라붙는다.

카투투라Katutura에 위치한 오시밤보 부족의 전통가옥Bush Kitchen을 방문했다. 호수 주위에 휴양시설을 지어 놓았는데 신선한 채소와 과일, 펜두카 Bread baker와 함께 전통 식사를 하면서 머무를 수 있다. 전통가옥시설 옆에는 펜두카 시설이 있는데, 복지기관으로 농아와 맹인 등 불우한 장애

여성들이 보석을 연마하여 장신구를 만들기도 하고, 오시밤보 부족 전통 복장의 분홍색 인형과 손으로 자수한 식탁보, 플레이스매트, 냅킨, 쿠션 커버 등 수공예품과 리사이클링 제품을 만들어 판매한다. 상품 라벨에 'PENDUKA'라고 새겨있다. 펜두카는 나미비아 말로 '일어나! Wake Up!'을 뜻하는 말로 소외된 여성이 교육과 일을 통해 자립하도록 노동을 공정하게 보상하여 돕고, 이를 통해 경제적으로 취약한 장애인의 생활을 향상시키는 활동을 하는 공동체이자 브랜드라고 한다.

큰 건물이 있어 가이드에게 물어보니 나미비아 최초의 의과대학 건물로 설립 2년 차라고 한다. 지금까지의 의사는 외국에 가서 공부하거나 외국인이 개업한 병원뿐이었다고 한다.

재래시장에서 굼벵이 말린 것을 팔고 있다.

빈툭의 재래시장

장애시설 펜두카(Penduka)에서 만든 수공예품

# 힘바족의 자존심

빈툭 시내 구경을 나가려는데 프런트에서 주의를 준다. 현금을 소지하지 말 것과 중요한 물품은 위험하니 게스트하우스에 두고 다녀오라고 한다. 게스트하우스 출입문은 굳게 잠겨있는데 밖에서 벨을 누르면, 큰소리의 울림이 나고, CCTV를 확인한 후 안에서 사람이 직접 나와 열어줘야만 들어올 수 있다. 숙소 안은 안전하지만 밖에서는 조심 또 조심해야겠다.

거리에서 젊은이들이 Christ Project로 프리허그Free Hugs를 하는 청년들과 서로 껴안고 "Join Us." 하며 축복했다. 세계 어디에나 프리허그 운동이 있나 보다.

거리에서 수공예품을 판매하는 8개월 된 아기를 안고 있는 힘바족에게 사진을 찍어도 되느냐고 동의를 구했더니 공예품을 구입하면 사진을 찍게 해주겠다고 한다. 공예품을 구입하지 않고 돈을 줄 테니 사진을 찍게 해달라고 했다. 하지만 돈만 받고 사진을 찍게 할 수는 없고, 공예품을 구입

거리에서 공예품을 판매하는 힘바족 여인

하면 사진을 촬영하게 해 준다고 한다.

힘바족의 자존심을 존중해 주고 싶었다. 그렇게 하겠다고 했더니 자기가 판매하는 상품과 바로 옆에서 좌판을 벌여놓은 열 살쯤 되는 힘바족 소녀의 물건도 함께 사줘야 한다고 한다. 순간 감동이 뭉클하게 와 닿았다. 옆에서 물건을 파는 소녀와는 경쟁 관계일 텐데, 더불어 살아가겠다는 것이다. 그러마 하고 두 개를 구입하겠다고 약속했다. 남아공에서는 수공예 가죽 팔찌를 구입했는데, 나미비아에서는 광산에서 채굴한 구리로 만든 팔찌 두 개(남, 여)를 구입(80R)하고서야 사진촬영을 하였다. 한국에서 가져간 파란색의 볼펜을 선물하니 하얀색으로 바꿔달라고 했다.

유목민인 힘바족들은 원시 부족으로 상반신 옷을 입지 않고 생활하는데, 사막의 거친 기후와 해충으로부터 몸을 보호하기 위해, 몸과 머리에 붉은 돌을 빻아(또는 붉은 진흙을) 동물 기름과 섞어 바르고, 여자들은 짐승 가죽으로 만든 치마를 입고 수공예품으로 만든 다양한 장신구를 몸에 걸고 다닌다.

보츠와나Botawana 마운Maun으로의 이동은 국제화물을 운반하는 차량을 이용하기로 했다. 마운은 아프리카 최대의 생물 다양성을 지녔다는 습지인 오카방고 델타Okavango Delta에 가기 위해서다. 승합차를 타고 이동하여 함께 갈 사람들과 합류하였는데, 중형버스 차량에 화물을 실은 카고트레일러를 달고 운행하는 차량이다. 버스에 12명이 타고 운전사는 2명이다. 구름 한 점 없는 파란 하늘에 태양이 작열하는 대평원의 곧게 뻗은 직선도

로를 에어컨도 없는 차량으로 달린다. 천장에는 비상출구가 드러나 뜨거운 햇볕이 위에서 내리비추니 피부는 그을리고 덥다. 세 시간을 달렸지만, 마을은 보이지 않는다. 날씨가 좋아 가시거리가 끝없다. 하늘의 구름이 광활한 평원에 살아있는 그림자를 드리우며 동에서 서로 움직여 사라지곤 한다.

나미비아는 국토는 넓고 인구는 적다. 나미비아의 인구밀도 세계 순위는 UN 2017년 통계 216개국 중에서 214번째로 1㎢당 인구는 3명이다. 순위 215는 몽골리아로 1㎢당 2명, 마지막 순위 216은 그린란드로 1㎢당 0명

이라고 한다. 도로변에 농작물 경작지도 보이지 않고 어쩌다 야생화만 보일 뿐이다. 왕복 2차선 도로에 화물차량만 듬성듬성 지나간다. 언제나 같은 풍경으로 무료한데 신나는 아프리카 타악기 리듬의 노래를 기대했건만 차내에서 노래를 들을 수 없다. 중미나 쿠바에서는 차에 타기만 하면 시끄럽게 노래를 틀어 대서 귀찮을 지경인데 아프리카에선 조용하기만 하다. 나름 아프리카음악을 기대했었는데….

나미비아 국경의 출국사무소의 직원들은 한마디로 놀고 있다. 3명의 직원이 근무하는데 출국자들이 여권을 창구에 내밀었는데도 껌을 씹으며 잡담만 하다가 한마디도 묻지 않고 출국 도장을 찍어준다. 사무소 밖에서 현지인들이 어디에서 왔느냐고 묻기에 코리아에서 왔다고 했더니 코리아가 유럽에 있느냐고 묻는다. 한국은 아시아에 속한다고 하니 함께 사진을 찍자고 한다. 그저 낙천적이고 즐거운 나미비아 사람들이다. 국경은 출경하는 사람이 별로 없어 한산하기만 하다.

보츠와나 국경을 넘는데 인간미를 느낀다. 게이트에서 출입국직원이 여권의 사진을 보고 젊다고 하기에 실물은 어때요? 핸섬 가이! 맞나요? 했더니 웃으며 나이스 가이! 한다. 이어 집사람 여권 체크할 때 내 아내인데 어때요? 했더니 뷰티풀! 하며 맞장구친다. 이들과 악수하고 여권 들고 사진 찍고 또 찍고 했다. Nice Guy!~ Nice Day!

입국사무소에서도 기분 좋게 도장을 꽝! 찍어주고, 주변에서 쉬는 주민들도 환영하듯 맞이해준다. 어디에서 왔느냐고 묻기에 한국에서 왔다고 하니 7~8명의 사람들은 대게 한국을 모르는데 아기 젖을 주던 엄마가 한국을 안고다고 한다. 그녀와 얘기하면서 오~ 아이가 예쁜데~ 젖병을 가리키며 내가 젖을 줘도 되느냐고 물었더니 OK! 한다. 젖병을 받아들고 아이한테 젖을 주기 시작하자 엄마 앞에 자리를 깔고 앉은 열 살쯤 되던 그녀의 딸이 참지 못하고 자지러지게 웃으며 뒤로 벌러덩 한다^^. 주민들과 함께 통과하던 일행도 모여들고…. 즐겁게 국경 간 거리 500여 미터를 통과했다.

 버스 옆자리의 승객은 짐바브웨 수도인 하라레까지 가는 청년이다. 짐바브웨는 북한과는 오래전부터 수교하여 잘 알고 있지만, 남한에 대해서도 약간은 안다고 했다. 리빙스턴에 들러 빅토리아 폭포를 구경하고 짐바브웨도 잠깐 들린다고 했더니, 짐바브웨 쪽에서 보는 빅폴이 더 멋지게 보인다고 자랑한다. – 이 청년 말이 맞는지 짐바브웨 쪽과 잠비아 쪽에서 확인했다 – 버스와 연결한 카고에 화물을 싣고 하라레까지 2,000km를 간다고 한다. 보츠와나를 달리는 도로변 풍경은 나미비아와는 달리 평원이 숲으로 조성되어 있고 소가 많아 차도를 소들이 가로막기도 한다. 도로변 옆으로도 일정 간격으로 접도구역 표식을 세워 건물 또는 수목이 자라지 않게 관리한다. 뭔가 풍족하고 관리가 제대로 되는 느낌이다.

 밤이 되어 달리는 차 창 밖 하늘에는 어느 곳 할 것 없이 별이 빼곡하다. 마운으로 가는 밤하늘의 풍경이 흡사 우주선을 타고 여행하는 느낌이다. 운전사는 시내 주유소에서 같이 동승했던 한국 총각 3명을 내려주었다. 한밤중에 위험하다며 그들의 숙소까지 타고 갈 택시를 전화로 불러 주고, 택시요금이 부족하다고 하자 선뜻 자기 돈을 택시요금에 보태라고 내준다. 우리 버스요금도 깎아줬었는데 인심 좋은 운전사다. 한국청년들에게 운전사는 천사인 셈이다. 이 한국청년들 예약한 숙소에서 자려고 할 때 놀랐을 것이다. 칠칠맞지 못해 버스에서 내릴 때 갖고 다니던 텐트를 놓고 내려 우리가 보관했다 전해주는 – 한국청년들을 며칠 후 다시 만날 기회가 있었다 – 수고를 했으니….

빈툭Windhoek을 14시에 출발한 버스는 11시간을 달려 밤 1시경에 타말라칸 강thmalakane river변 Jump street chalet에 있는 숙소에 도착했다. 시골의 롯지는 넓은 부지에 초가집으로 서까래 위에 갈대를 얹은 초막으로 환기가 안 되어서인지 약간은 곰팡냄새가 나는 시골집이다.

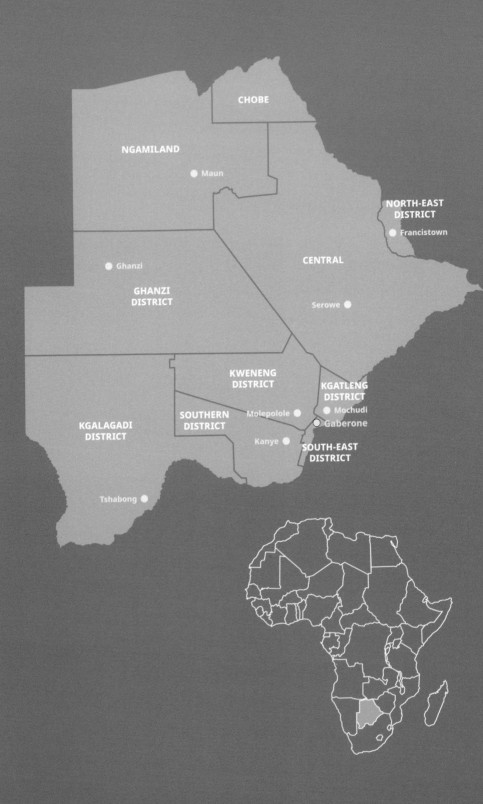

Republic of
Botswana

| | |
|---|---|
| 수도 | 가보로네(Gaberone) |
| 면적 | 581,730㎢(남한의 5.8배, 세계 48위) |
| 인구 | 2,333,201명(세계 144위, 2018년) |
| 언어 | 영어, 츠와나어(Tswana) |
| GDP | 15억 5,640만$(국내총생산, IMF: 2017년) |
| GDP/1인당 | 18,840$(WORLD BANK, 2017년) |
| 화폐 | Pula |
| 전압 | 220V |
| 국화 | Sengaparile(Kalahari Devil's claw: 칼라하리 악마의발톱) |
| 국조 | 롤러 카나리아(Lilac-Breasted Roller) |
| 여행경보 | 여행경보단계: 없음 |

# 오카방고 델타

마운Maun 첫날, 알 수 없는 동물들의 울음소리와 새소리에 잠을 깼다. 동네 고샅은 옛 시골 정취가 풍긴다. 마운 시내 관광에 나섰다. 보츠와나 전통빌라를 방문하였는데 자치주민들이 재판하는 법정도 있고 감옥도 있다. 법정에서는 부족의 조정위원이 당사자 해결을 우선으로 권유하지만 조정에 불복하면 재판을 하여 시시비비를 가린다고 한다. 당사자 간 해결이 우선인 것은 그들의 온순한 성품 탓으로 전쟁보다는 타협으로 해결하는 부족의 전통 때문이라고 한다. 법정은 주민들을 위한 결혼식장으로 사용되기도 하고, 재판결과 형벌도 내리고 감옥에 가두기도 한다. 가벼운 형벌로는 예를 들어 학생이 부모님의 말씀을 안 듣고 말썽을 피우면 법정에 자녀를 제소하여 재판관의 허락하에 체벌을 가할 수 있다. 족장은 부족이 왕위 계승하듯이 대물림하며 지배했다고 하는데, 현재는 선거로 족장을 선출하여 여성도 족장이 된다. 남녀 차별은 없으나 서양의 문물과 TV의 영향으로 오히려 남녀 차별이 생겨났다고 한다. 가이드는 NGO를 통해

소개받은 Ponche Whelpton 씨로 여자 분인데 페이스북에는 자영업자로 소개되어 있다. 폰치 씨는 독일계 할아버지와 헤레족 여인이 결혼해 아버지를 낳고 그 아버지가 다시 보츠와나 원주민과 결혼하여 태어났다. 남아공에서 학교를 마치고 보츠와나 마운에 자리를 잡았다고 한다. 우리는 비싼 투어회사가 아닌 실제 가이드를 연결한 공정여행을 한다. 서로 원원win-win 하는 착한 여행이라고 해야 하나? 운전사 가브리엘에 의하면 마운 부근의 젊은 사람들은 대개 집이 3채인데 하나는 일하며 거주하는 집, 하나는 부모님 집, 하나는 부모님 농장이라고 한다. 보츠와나 총인구는 200만 명 정도인데 수도인 가보로네에 50만 명쯤이 거주한다고 한다. 주요 생산품으로는 다이아몬드가 있는데 외국의 회사에서 다이아몬드채굴에 미성년자를 동원하여 임금을 착취하였으나 16년 전부터 미성년자는 다이아몬드 광산에서 고용할 수 없게 법으로 금지하였으며, 유명한 다이아몬드 업체 드비어스De Beers 본사가 보츠와나에 있다고 한다.

주로 왕골(파피루스) 같은 식물로 그릇공예와 목재 가공, 철사 공예품을 전시하는 바스켓 하우스에 들렸는데 문이 닫혀있어 아쉬웠다. 여행을 계획하며 아프리카 전통공예품에 관해 공부하던 중 보츠와나 공예품의 특이한 이름에 관심이 생겼다. 예를 들면 보츠와나의 전통 바구니문양 이름으로 '제비의 비상, 기린의 눈물, 황소의 오줌 자국, 거북의 무릎, 얼룩말의 이마' 등 상상을 불러일으키는 이름이었다. 이 기이한 디자인을 어떻게 표현하였을까 궁금했었는데 보지 못해 아쉬웠다. 나중에 바구니를 판매하는 노변의 상점에서 궁금하여 물어봤는데 말이 통하지 않아 궁금증만 더했다. 바구니문양 디자인은 예를 들면 '제비의 비상'은 새 모양을 삼각형의 문양으로 표현하였는데 이는 풀라(비)를 불러오는 행운을 의미하고, '기린의 눈물'은 바구니에 여러 개의 점이나 평행선의 문양을 넣어 표현하는데 사냥에 나서는 남자전사를 뒤따라가는 여자를 의미하고, '황소의 오줌 자국'은 선을 지그재그로 표현한 문양을 그리는 방식이다. 츠와나족들이 일상용품인 항아리나 섬유 등에 상상력과 아름다운 감각을 불어넣은 이름을 지었다고 한다. 바구니 문양이름에 영감을 얻어 글을 쓴 작가도 있는데, 짐바브웨 출신 알렉산더 맥콜 스미스의 〈기린의 눈물Tears of the Giraffe〉이라는 제목의 소설로 주인공이 사립여탐정인 보츠와나 수도 가보로네를 배경으로 한 작품이다. 아프리카는 화폐, 거리이름, 문학, 예술, 카센터, 초콜릿 등에 동물을 소재로 한 작품이 많다.

전시장 입구 벼락 맞은 나무통에 심어진 우리나라에서 한때 음이온을 가장 많이 방출한다 하여 집집마다 유행했던 산세비에리아Sansevieria, 호미란를 흥미로운 별명인 'Mother in low's Tongue'라 부른다고 한다. 길고 뾰족하게 생긴 잎이 잔소리를 많이 하는 장모님 또는 시어머니 혓바닥 같다는 조금은 무서운 이름으로 불린다. 공기정화 식물을 장모님의 혓바닥 또는 시어머니의 혓바닥으로 표현하다니! 동서양 – 아프리카를 포함하여 – 을 막론하고 장모와 시어머니의 잔소리는 좋게 느껴지지 않는가 보다. 우리나라에

도 정선 아라리에 '시어머니 잔소리는 부싯돌 치듯 하네.'라고 표현한 가사가 있다. 요즘 미세먼지가 심해 창문을 열어놓을 수 없는데 장모(시어머니) 혓바닥을 사다 놓아야겠다.

마운에서 12km 떨어진 타말라칸 강을 아프리카 원주민들의 전통방식으로 만든 기다란 카누형식의 모코로<sub>mocoro, 우리의 고운 여자 고무신 같이 생겼다</sub>를 타고 강을 건너 가이드 폰치가 거주하는 집에 들렀다. 강을 건너자마자 노랫소리와 함께 우리를 환영하는 사람들이 원주민 전통복장을 하고 나와 환영의식을 해준다. 우리 일행을 위한 퍼포먼스로 사냥에 나간 사냥꾼이 큰나무 가시에 찔려 아프게 되자, 주술사에게 치료받고 낫는 과정을 춤으로

표현한 원주민들의 전통춤을 감상하며 함께 어울렸다. 어렸을 적 어미 잃은 염소를 폰치의 개가 데려다 길렀다는 검은 염소 STAR가 원주민이 춤추는데 함께 따라다니며 춤을 추어 우리를 더욱 즐겁게 했다.

원주민의 생활양식으로 생활하는 폰치가 아프리칸 스타일의 침실과 거실 등을 소개한다. 부엌에서도 장작불을 지펴 음식을 만들고, 그녀의 헤레로족 할머니가 사용했다는 주물로 만든 쿠커에 장작불을 사용하는 오븐이 있어 놀랐다. 가스나 전기를 이용한 오븐처럼 열판과 형식은 장작을 사용한다는 것만 다를 뿐 모습이 같았다. 현대문명과는 거리가 먼 생활방식을 그들은 아무런 불평 없이 사용한다.

점심은 원주민들의 전통요리인 마킨야magwinya로 했다. 일명 뚱뚱한 케이크로도 불리는데 우리의 튀김 도넛과 비슷하다. 아프리칸 음식으로 밀가루로 만든 빵을 기름에 튀겨 카레 같은 약간 매콤한 소스를 곁들여 먹는데 겉은 달고 차지며 매운 야채 고로케의 맛이다. 후식으로 삶은 팥을 내왔는데 단팥죽 맛이 난다.

식사 후 그녀 딸이 운전하는 사륜 스쿠터를 타고 농장주위를 둘러봤다.

농장이 넓어 부지런하게 농사짓는다면 남부럽지 않은 수입을 거둘 것 같다. 하지만 대부분 경작하지 않거나 휴경지이다. 국민성이 먹고 살만큼만 일하는 것 같다.

칼라하리의 보석 오카방고 델타Okavango Delta를 하늘에서 보기 위해 경비행기를 탔다. 오카방고 강은 앙골라에서 발원하여 1,400km를 흘러 강물이 퍼지며 수많은 지류와 수로, 삼각주를 형성하였는데, 오카방고 델타는 보츠와나 북서부 칼리하리사막에 있는 세계최대의 영구습지인 삼각주로, 우기에 범람하는 평원이며 삼각주 크기가 25,000㎢, 제주도의 1.4배이다.

Major Blue jet의 경비행기 GA-8 Airvan(비행시간 45분, 750 Pula)을 탔다. 경비행기는 8인승으로 날개 아래 좌석마다 창문이 있어 하늘을 날며 아래 풍경을 볼 수 있다. 오카방고 델타 위에서 하늘을 날아올라 공중사파리를 하는 것이다. 오카방고 델타는 200만 년 전에 아프리카 중북부를 뒤흔든 거대한 지각변동으로 역단층逆斷層이 생긴 탓에 강물의 흐름이 막혀 더 이상 바다로 흘러가지 못하고 사막을 만나 습지를 이루었다. 신기하게도 강물이 사막에 막혀 흐름을 멈추고 갇혀있는 것이다. 사막에 물이 있으면 모래 사이로 빠져나갈 텐데, 강물이 범람할 때 떠내려온 진흙이 바닥에 깔려 습지를 이루고 여기에 생물이 산다. 사막과 강물의 잘못된 만남이 마르지 않는 수심을 유지하여 동물의 낙원인 오아시스를 이뤘다. 더군다나 오카방고 델타는 건기에는 고원에 있는 초지이지만, 우기에는 강이 범람하여 섬들이 만들어진다. 하늘에서 내려다보이는 초원에 코끼리도 보이고 기린과 코뿔소, 하마와 악어도 보인다. 소, 사슴 등 먹이사슬의 하위동물들이 헤아릴 수 없이 많다. 사막엔 커다란 개미집 군락도 보인다.

경비행기에서 바라본 오카방고 델타

평원의 연속이고 공기가 맑아 멀리 구름에서 비 내리는 게 보인다. 창공을 날며 스펙터클한 대자연에 감동한다.

# 원주민 전통 배, 모코로

　오카방고 델타의 모코로를 타기 위해 선착장인 보로BOROUGH2까지 폰치의 승용차와 택시를 타고 15km를 달렸다. 대부분의 길이 모래가 쌓인 언덕이거나 모래가 쌓여 삼각주가 된 땅이다. 길이 뚜렷하게 나 있지 않고 모래가 단단하게 쌓여있을 것 같은 곳으로 미세한 모래가 쌓여있어 운전에 조심해야 한다. 다른 관광객들은 투어회사의 사륜구동 오픈 지프를 이용하는데, 어차피 선착장이 있는 BORO2에만 가면 되기 때문에 투어회사보다 비용이 저렴한 NGO에서 소개해준 폰치 소유차량과 택시에 나누어 타고 출발했다. 모코로는 카누로 원래는 원주민의 전통 나무배로 흑단 나무의 통나무 안쪽을 파내어 만든 우리 여자 고무신 모양의 배인데, 환경을 파괴하지 말자는 취지로 현재는 파이버 글라스라는 플라스틱 소재로 만든다. 모코로 하나에 2명씩 앞뒤로 탑승하고 현지인 폴러Poler, 뱃사공 겸 가이드가 운행한다.

BORO2 마을 입구 나무그늘엔 주민들이 나와 있다. 선착장의 모코로는 마을 주민이 독점 운행하는 시스템이다. 뱃사공은 마을 주민인 여자도 있고 남자도 있다. 모코로는 노를 젓는 배가 아닌 긴 막대기를 이용하여 맨 뒤에 서서 수심 1m 정도의 강바닥에 장대를 꽂아 밀면서 유유히 수생식물이 자라고 있는 풀 사이를 헤치고 나아간다. 싱그러운 자연의 바람과 모코로 뱃전에 부딪혀 찰랑거리는 물소리를 내며 분홍, 하얀 수련 꽃을 헤치고 모코로는 나아간다. 연못 위로는 새파란 하늘과 새하얀 구름이 아래로는 맑고 깨끗한 물과 수련이 전부다. 왕골, 줄, 창포, 갈대와 이름 모를 식물들과 물속에 잠긴 붕어마름, 물 위에 둥둥 뜬 물옥잠과 개구리밥, 물속에 뿌리를 담그고 꽃을 피운 수련 등이 습지에 빼곡하다.

수생식물로 물이 정화되어 깨끗한지 사공은 강물을 손바닥으로 퍼서 목을 적신다. 한 시간쯤 지나 강가에 도착하여 오카방고 델타 워킹사파리

에 나섰다. 국립공원 워킹사파리가이드가 우리 일행을 앞뒤로 안내하며 어딘가에 있을 동물의 자취를 찾는다. 방금 전까지 강물 위에 있었는데 사막같이 모래로 된 땅을 밟는다. 야생동물들을 열심히 찾아다녔건만, 보고 싶은 동물은 만나지 못하고 동물들이 배변한 현장만 따라다닌다. 가이드가 코끼리 응가, 기린 응가, 버펄로 응가… 라고 설명한다. 응가 냄새와 풀꽃 허브향이 어우러져 묘한 냄새의 조화를 이룬다. 사람 키보다 훨씬 높고 큰 야생화와 큰 고깔 모양의 흰개미 집들이 군락을 이루었다.

모코로를 타고 돌아오는 주변엔 흰 바탕에 검은 무늬의 레오파드개구리, 스몰 스네이크, 이름 모를 새들이 많다. 뱃사공이 배를 멈추고 물오리보다 작은 새를 가리키며 물새인데 이름은 '자카라'며 작은 하얀 새는 '헤론'이라고 알려준다. 자카라는 물 위를 걷는 새로 일명 '예수님 새'라고 한

레오파드 개구리

다. 약 400여 종의 조류가 습지에 산다고 한다. 모코로를 타는 시간 내내 비슷한 풍경이 펼쳐진다. 역동적이고 약간 성질 급한 한국인의 조급한 성격에는 지루하게 느껴질 것 같다. 하루 종일 배를 탄다고 하여 새로운 것이 보일 것 같지도 않다. 야생동물들도 이 광활한 오카방고 델타에서 운이 좋아야 만날 것이다. 이름 모를 새와 새로운 꽃, 나비와 잠자리, 끝없는 수련이 있다.

내연기관의 동력으로 움직이는 배였으면 시끄러운 소리와 매연으로 숨쉬기도 곤란하였을 텐데 모로코는 동력 없이 인력으로만 나아가기 때문에 공해에 오염되지도 않을뿐더러 동물에게 방해되지도 않아 좋다. 가이드가 거대한 개미집을 가리키며 집에 구멍이 나 있으면 개미들이 이사한 것이고, 고깔 모양으로 탑을 높이 쌓아 기압의 차이를 만들어 덥고 탁한 내부의 공기는 긴 세로구멍을 통해 위로 올라가게 한다고 한다. 흰개미들은 개미집 내부의 미세한 구멍을 열었다 닫았다 하면서 자동 환기로 공기의 흐름을 조절하여 온도, 습도가 적절히 유지되는 구조라고 한다. 낮에는 뜨겁고 밤에는 추운 사막에서 에어컨이 필요 없는 자연 냉난방 시스템을 갖춘 집인 것이다. 이렇게 뜨거운 공기를 배출하는 원리를 이용한 흰 개미집을 본뜬 세계최초의 자연 냉난방 건물인 '이스트게이트 쇼핑센터'가 짐바브웨의 수도 하라레에 세워졌다. 개미들의 집 짓는 방향은 바람의 방향 때문에 서쪽을 향한다고 한다. 사람이 허물기에는 단단한 개미집이지만 개미핥기가 부서뜨려 개미를 잡아먹는다고…. 사막에 많은 미어캣 굴이 있는데 사냥에 나서는 사자나 하이에나가 미어캣을 쫓아내고 자기 새끼를 보호하기 위해 숨겨놓기도 한단다.

오카방고 델타의 천막이 쳐진 롯지에서 장작으로 불을 지피고 가이드인 폰치가 모코로에 싣고 온 오븐에서 구운 케이크와 과일, 샌드위치 등을 점심으로 먹었다. 버스를 함께 타고 온 한국청년들을 만나 들었는데 이들이 오카방고 델타의 천막에서 야영할 때 코끼리 떼가 나타나 땅을 울리며 쿵쾅거리는 발걸음 소리에 무서워 잠을 못 잤다고 한다. 폰치는 모코로를 타고 우리가 강과 초원을 감상하는 동안 어릴 적 클로버꽃으로 손목시계를 만들었듯 수련을 꺾어 예쁜 꽃목걸이를 만들어줬다.

　모코로 관광을 마치고 선착장에 도착하였을 때 동네 여인들이 물통을 들고 강변으로 나와 물을 퍼간다. 강물이 깨끗하여 식수로 사용한다고 한다. 우린 마실 엄두가 나지 않는데 그들은 어렸을 때부터 면역력이 생겼다고 할까? 먹어도 아무 부작용이 없다고 한다. 마운공항 앞 마켓Spar에서 내일 초베 국립공원의 전초기지인 카사네Kasane로 이동할 때 필요한 먹거리를 구입하고 레스토랑에 들렀다. 초원에서 방목한 소를 잡아 요리한 티본 스테이크를 주문했는데 마블링이 없고 육질이 질기긴 하지만 맛은 일품이다. 600g에 약 2만 원 정도로 한국과 비교하면 엄청 싼 가격이다.

　마운maun으로 돌아오는 길에 단체로 퇴근하는 소 떼가 유유자적 도로를 건너 한참을 기다렸다 차를 움직였다. 운전사 가브리엘이 USB에 저장된 흥거운 아프리카음악을 들려줘 달리는 차 창 밖 풍경과 함께 기분을 좋게 한다. 아프리카음악은 혼자 조용히 듣고 있어도 춤이 생각나고 집단적으로 흐느적거리며 즐기는 느낌이다. 딸랑이나 방울 소리와 함께 빠른 타악기 리듬은 약간 종교의식이 가미된 것처럼 중독성이 있다. 가브리엘이 보츠나와는 교육과 의료가 무료이고 복지제도가 잘 되어있으며 그 토대는 현 대통령의 아버지가 마련했으며 모든 국민이 그를 존경한다고 말한다.

그에 대한 실화를 소재로 한 영화가 있다. 2016년 토론토 국제영화제 상영작이자 런던영화제 오프닝 영화로 원제는 〈A United Kingdom〉, 한국에서는 2018년 〈오직 사랑뿐인 그대〉라는 감성적인 제목으로 개봉했다. 이야기는 흑백 인종차별이 한창일 때인 1947년, 아프리카 베추아날란드(현재의 보츠와나) 왕자 세레체 카마Seretse Khama가 옥스퍼드대학 재학 중 보험회사 직원이던 영국 숙녀 루스 윌리엄스를 런던 선교회에서 처음 만나 파티에 초대하면서부터 로맨스가 시작된다. 하지만 카마의 집안과 부족장들은 베추아날란드가 루스 윌리엄스의 나라인 영국의 보호령에 있고, 차기 족장으로 같은 부족의 여성과 결혼해야만 하고, 당시 지배국이던 남아프리카연방도 마침 인종차별 정책인 아파르트헤이트를 도입하려던 시기여서 백인과의 결혼은 이루어질 수 없다고 반대하고, 영국에 대해서도 흑인과 결혼허가를 하지 말라며 외교적인 압력을 가한다. 영국에서 귀국한 왕자 카마와 숙녀 윌리엄스는 비밀리에 결혼하여 사랑을 이어가지만, 결국 인종차별로 결혼을 허락받지 못하자 차기 족장의 지위와 권리를 포기하고 영국으로 돌아가 학업을 마친 후 평범한 시민자격으로 베추아날란드로 돌아온다. 귀국한 왕자는 국민들과 함께 보츠와나 민주당을 창당하고 독립

운동을 하여 처칠 정부의 영국과 협상한 결과 독립하여 1966년 보츠와나를 탄생시킨다. 보츠와나는 '츠와나족의 땅'이라는 뜻이다. 카마는 총리를 거쳐 보츠와나의 초대 대통령이 되었지만 자유를 얻은 보츠와나는 그가 대통령에 취임한 다음 해에 세계 최고 거지의 나라에서 세계 최대의 다이아몬드 광산이 발견되면서 상황이 반전된다.

보츠와나는 다이아몬드 매장량이 전 세계 3위라고 한다. 여기서 발생하는 수입으로 전 국민의 교육, 의료비가 무료임은 물론 복지정책에서도 아프리카 내 최고이고, 가장 민주적인 정부라고 한다. 흔한 러브스토리가 아닌 사랑과 조국을 함께 지킨 세기의 사랑이다.

영국에서 돌아와 그가 한 진심이 묻어 있는 말, "여러분을 섬길 준비가 되어있습니다. 국민을 사랑합니다. 이 땅을 사랑합니다." 누구나 지도자라면 가슴에 새길 말이다. 대족장 카마3세의 손자였던 보츠와나 초대 대통령 세레체 카마는 보츠와나 화폐 50풀라_pula에, 그의 아들 제4대 대통령 이안 카마Ian Khama는 10풀라 – 풀라는 '비'를 의미한다고 한다. 사막의 나라 보츠와나에서 풀라는 축복을 의미한다 – 지폐에 사진이 인쇄되어 있다. 백인 왕비! 흑인 왕! 그들에게는 사랑이 전부고, 전부가 사랑이었다.

돌아오는 길에 가게에서 기념품으로 수공예로 만든 팔지를 구입했다. 27풀라, 3000원 정도 하는 가격인데 수기로 영수증을 작성하여 건네준다. 세금탈루가 없겠다.

# 사바나의 점잖은 거인, 코끼리

보츠와나 마운에서 초베 국립공원에 가기 위해 카사네Kasane행 버스터미널에 가야 하는데 어제 약속했던 가브리엘이 택시를 가지고 숙소에 왔다. 어제 잃어버린 줄 알았던 선글라스를 택시에 보관한 채였다.

카사네는 보츠와나 서북부에 위치한 인구 8,000명의 도시로 나미비아, 잠비아, 짐바브웨 4개국의 국경이 만나는 지점에 있다. 카사네에서 초베 국립공원은 약 50㎞ 떨어져 있다.

버스터미널에서 장사하던 나미비아 후투족 복장을 한 여인과 기념사진을 찍었다. 사진을 함께 찍었으니 물건을 사줬으면 한다기에 생수를 샀다. 카사네까지 지도상 직선거리는 314km인데 완행버스는 도로를 따라 운전사 2명이 교대로 운전하며 750km를 꼬불꼬불 돌아간다고 한다. 중형버스의 운전석 옆자리에 앉았다. 대평원에 도로가 곧게 뻗어있다. 운전사는 16km가 직선으로 나 있는 도로라고 한다. 한참을 달리다가 운전사가 코

끼리가 나타났으니 카메라를 준비하라고 한다. 아무리 살펴봐도 보이지 않아서 의아해하고 있는데 저 멀리 코끼리 가족이 나타났다. 아프리카인들의 시력은 정말 좋은 것 같다. 코끼리 덩치가 커서 멀리서도 알아본 것이라 하겠지만 2km 정도 떨어진 숲 속의 코끼리를 운전하는 차량에서 발견한 것은 대단하다. 사바나의 점잖은 거인인 코끼리는 가족끼리 무리 지어 살면서 암컷 리더를 따른다. 암컷 새끼들은 생후 25년간 어미, 이모와 살다가 가정을 꾸리러 떠나고 수컷은 보통 15년간 가족과 지내다가 다른 젊은 수컷들과 합류해서 짝을 찾기 시작한다. 혼자 다니는 코끼리는 거의 없다. 하루 150kg의 풀을 섭취하는 코끼리들은 가뭄에는 물과 풀을 찾아 이동한다. 동물 중 타조는 시력 25.0으로 4km 떨어진 곳의 사물을 본다고 한다. 이후로도 운전사는 매번 우리보다 먼저 코끼리를 발견하고 알려

평원에 직선으로 16km의 도로가 나 있다.

줬다. 야생 소와 멧돼지, 닭들도 보이는데, 건강하게 보인다. 도로는 왕복 2차선으로 폭이 좁으며 속도제한은 120km인데 운전사는 보통 150km 이상으로 달린다. 170km 이상으로 달릴 때는 속도를 줄여달라고 했다.

호남평야와 만경평야는 비교할 수 없을 만큼 광활한 지평선의 연속이다. 평원의 어디에서 비가 오고 개이고 있는지 다 바라본다. 운행 중간에 국경이 아닌데도 중간에 버스에서 모두 내리게 한 다음 검문과 방역을 하고, 멀리 떨어진 다음 정류장까지 걸어서 이동하게 한다. 마을마다 멈추는 완행버스이다. 도중에 탄 승객이 어디에서 왔느냐고 물어 북한에서 왔다고 했더니, 웃으며 남한에서 온 줄 안다고 한다. 지난주에 빅토리아 폭포에 가는 한국인을 만나 친구를 맺었다고 하며, 왜 남한과 북한은 사이가 좋지 못하냐고 물어 서로 체제가 민주주의와 공산주의로 다르기 때문이라고 대답했다.

보츠와나는 북한과 외교관계를 맺었으나 2013년 북한의 인권유린 사태에 대한 조치로 양국 간 협력 및 교류를 중단하고 결국 2014년 북한과의 단교를 선언하였다. 국회의사당 틴텐팔라스트 정원에 설치한 3명의 딕코시 기념 동상도 북한의 만수대 창작사에서 만들어 기증했다고 하는데, 수단과 보츠와나가 단교하여 북한은 아프리카 54개국 중 52개국과 외교관계를 유지한다고 한다.

아프리카 북쪽으로 갈수록 다른 점은 정류장 화장실에서 사용료를 받는다. 사용료 2풀라를 주지 않으면 화장실 문에 걸어놓은 체인을 열어주지 않는다. 정류장 편의점에선 콜라가 생수보다 싸다. 물이 귀한 줄은 숙소에 도착해서 실감했다. 생수 500㎖가 1,000원 정도이다. 문제는 위생 상태가 깨끗하지 못해 식사한 다음 그릇도 생수로 헹궈야 하고, 양치질한 후 물도 생수를 사용해야 한다. 부엌에 벌떼가 나타나 벌에 쏘이기도 했다. 벌을 퇴치하는 방법도 약을 사용하지 않고 부엌 바닥에 불을 피워 연기로 내쫓는다. 모기도 만만치 않게 나타난다. 말라리아약을 4주째 복용하는 중이다. – 아프리카로 출발하기 3주 전에 탄자니아 NGO 단체인 월드쉐어에서 봉사하던 31살 김** 씨가 급성 말라리아 감염으로 다르에스살람 SAIL 국제병원에서 사망했다는 소식을 접하고 출국 1주일 전부터 복용했다 – 늦게 도착하여 벌 때문에 제대로 식사 준비를 할 수 없어 누룽지를 끓여 간단하게 요기했다. 함석으로 된 욕조에 물 떨어지는 소리가 정겹다. 세월감이 있는 빈티지 소품이 아프리카의 한 영화 장면 같이 멋있어 보인다.

# 끝없이 펼쳐진 초원, 초베 국립공원

초베 국립공원Chobe National Park의 사파리를 하기 위해 새벽 5시 30분 숙소에서 사륜 지프를 타고 12만 마리의 코끼리가 산다는 11만㎢의 광활한 공원으로 갔다. Big 5(코끼리, 사자, 표범, 코뿔소, 버펄로)를 찾으러 지프를 타고 게임드라이브를 하려는 것이다.

새벽에 오픈카를 타니 약간 쌀쌀했다. 동물의 천국이라던데 코끼리와 하마는 많은데 표범, 코뿔소, 사자는 어딜 갔는지 보이지 않고, 머리가 하마를 닮은 하마콕, 자칼, 소시지트리에 앉아 있는 머리와 앞가슴이 하얗고 날개가 검은색인 투톤칼라의 피쉬이글Fish Eagle, 임팔라보다 뿔은 작고 덩치가 큰 후크, 물 위를 걷는 새 자카라, 벌새, 동물 먹이사슬의 맨 하위인 임팔라 등이 많이 보인다. 사자 등 맹수가 포식하고 남은 시체를 먹기 위해 따라다니는 사바나의 쓰레기 처리반 하이에나와 자칼 무리가 보이는데 사자는 어디에서 쉬는지 좀처럼 볼 수 없다. 초원을 헤집고 달리는데 가이드 겸 운전사가 무전기에서 교신하는 소릴 듣고는 어디론가 달려간

다. 그곳에는 이미 여러 대의 사파리 차량이 몰려있었다. 숲 속에 있는 동물은 사자였다. 아침 사냥을 끝내고 쉬는지 숲 속 나무에 가려 얼굴이 반만 보인다. 아무리 기다려도 움직이지 않고 겨우 가려진 얼굴 반쪽과 암사자 넓적다리만 보인다.

초베 강에는 하마가 시글시글하다. 남부 아프리카의 산 부족의 신화에서는 신이 가장 마지막에 만든 동물 중에 하마가 있다고 한다. 신은 다른 것들을 만들고 남은 재료를 써서 하마를 만들었다고 한다. 하마가 뚱뚱하고 못생긴 것이 창피해서 신에게 다른 동물의 눈에 띄지 않도록 물속에서 살게 해달라고 간청하자, 신은 하마의 입과 이빨이 크니 물고기를 너무 많이 먹어치울 거라면서 거절해 하마는 물고기를 먹지 않고 풀만을 먹겠다고 약속했다. 마침내 신은 하마의 청을 들어주었다. 하마는 낮에는 물속에서 지내다 밤에 물 밖으로 나와서 풀을 뜯고 용변을 볼 때 꼬리로 똥을 닦는다. 정확히는 용변과 동시에 짧은 꼬리를 휙휙 돌리면서 용변을 튕겨

흩뿌린다. 산 부족은 이런 하마의 행동을 보고 신이 하마의 용변에 물고기를 잡아먹고 뼈가 나오지 않았는지 확인하려는 것이라고 믿는다. 하루 18시간 정도를 물속에서 지내다가 해가 지면 물가로 나와 식사하는데 하마 한 마리가 하루에 먹어 치우는 풀의 양이 약 45kg 정도이다. 하마는 강에 사는 물고기와 작은 생명체인 수중 생물들에게 배설물을 공급하여 영양가 풍부한 먹이를 제공하지만, 최근 아프리카 하마 서식지의 담수량이 줄어들면서 배설물로 인한 과도한 영양분이 오히려 하천과 호수를 오염시켜 생태계에 문제를 일으킨다고 한다. 큰 하마의 피부는 5㎝ 정도로 두꺼워서 턱 힘이 강한 악어도 치명상을 입힐 수 없다고 한다. 또 두꺼운 피부 덕에 피하 지방층이 거의 없는데도 하루 종일 물속에 있어도 체온이 떨어지지 않는다고 한다. '지상 최강의 동물 하마'라는 말이 괜한 게 아니다. 그런 하마도 강한 햇볕에는 피부가 쉽게 상처 입기 때문에 피부를 보호하기 위하여 피부에서 자외선 차단제 역할을 하는 분홍색 분비물을 내보내는데 우리 눈에는 피땀을 흘리는 것처럼 보인다. 끈적끈적한 분비물은 체온의 손실과 피부의 건조를 방지하고 싸움으로 생긴 상처에 감염도 막는 항균작용을 한다고 한다.

강을 건너면 나미비아Namibia다. 우기에 코끼리는 초베를 떠나 남동쪽으로 이동한다는데 코끼리와 임팔라, 하마는 엄청 많은데 표범, 코뿔소 등 큰 동물은 보이지 않고… 유람선을 타고 사파리를 했더라면 결과가 좀 더

초베강을 건너면 나미비아다.

좋지 않았을까? 동물들을 찾기 힘들다보니 사륜차 타고 언덕을 넘으며 덜커덕~하고 위로 점핑하여 엉덩이를 들썩하고, 습지를 지날 땐 물구덩이를 바퀴로 가르고 좌우로 물을 튕기며 드라이브하는 것이 더 즐거웠다. 자동차 운전할 때 비가 내려 도로에 고인 물구덩이의 물을 바퀴로 가르고 달릴 때의 기분이다. 마음은 애들이다! 애들!

초베 게스트하우스Elephant Trail Guesthouse and Backpackers에서 택시로 1시간을 달려 페리 선착장인 카중굴라Kazungula에 도착했다. 카중굴라는 초베강과 잠베지강이 만나는 지점이다. 이 부근에서 네 나라(나미비아, 보츠와나, 잠비아, 짐바브웨)가 만나 국경을 이룬다. 잠베지강Zambezi River을 가로질러 잠비아 쪽으로 다리를 건설한다. 우리나라 대우건설에서 짓는데 타워크레인과 인부들 작업복에 DAEWOO라고 쓰여 있다. 한국에서 온 여행자라고 하니 인부들이 코리아 넘버 원! 하며 엄지손가락을 치켜세운다. 바지선을 타고 500m쯤 건너면 잠비아다. 보츠와나를 출국할 때는 출국사무소가 없다. 강 건너 잠비아입국사무소에서 잠비아 비자와 짐바브웨 비자를 함께 발급받았다. UNI-VISA, 양국 간 무제한 통행 관광비자로 MASA VISA라고도 한다. 30일 기한에 발급 비용은 50USD다. 따로따로 비자발급을 신청하는 것보다 두 국가의 비자를 한 장으로 받으면 비자발급비용이 절감된다. 따로 받으려면 짐바브웨 복수비자 55달러, 잠비아 복수비자 80달러, 짐바브웨 단수비자 30달러, 잠비아 단수비자 50달러(Single 또는 Multi Visa)이다. 통합 비자인 Uni-Visa와 헷갈리면 안 된다.

리빙스턴에서 남쪽으로 10km 위치에 빅토리아 폭포가 있는 관광구가

있는데, 인구는 10만 명 정도이다. 잠비아부터는 느낌이 다르다. 주민들의 피부색도 더 진한 검은색이고, 가게 분위기도 구둣가게에 들렀는데 진열한 구두가 모두 오른쪽 신발뿐이다. 도난을 방지하기 위해 한 쌍의 신발을 진열하지 않고, 가져가도 소용없게 한쪽 신발만 진열해 놓았다. 보츠와나 화폐와 잠비아 화폐는 1:1로 사용 가능한데 식료품도 잠비아가 훨씬 비싸다. 잠베지강(위대한 강, 큰 수로라는 의미) 하나를 건넜을 뿐인데 물가도 비싸고 길거리의 분위기도 평온한 스타일이 아니다. 점심은 악어 꼬리 구이와 잠비아 향토 맥주 모시Mosi를 마셨다. 악어 꼬리의 맛은 닭고기보다 부드럽고 좋다. 버스터미널에서 잠비아 수도 루사카Lusaka행 버스 시간과 예약에 대해 알아봤다. 두 개의 버스회사 마잔두mazhandu와 샬롬Salom 중 마잔두의 서비스가 좀 더 낫다는 평이 있어 이를 이용하기로 했다. 버스정류장 부근에 다다르면 호객꾼들이 몰려와 서로 자기네 버스회사에 가자고 이끈다(리빙스턴↔잠비아 수도 루사카, 버스요금 145콰차).

교회에서 부흥회를 하는지 대낮에 요란한 찬송가 소리가 들린다. 얌전하게 찬송가를 부르는 게 아닌 춤을 곁들여 부르는 노랫소리다. 한국에서 출발 전 루사카에서 콜레라가 발생했다는 보도를 보고 수인성 전염병에 각별하게 주의하는 중이다. 상추도 생수로 씻었다. 물은 꼭 생수를 구입하여 사용하고 모기에 안 물리도록 조심한다. 다행히 보츠와나부터 숙소마다 천장에 모기장을 매달아 놓아 모기한테 헌혈할 일은 없었다.

잠비아 향토 맥주 MOSI

# Republic of Zambia

| | |
|---|---|
| 수도 | 루사카(Lusaka) |
| 면적 | 752,618㎢(남한의 7.5배, 세계 38위) |
| 인구 | 17,609,178명(세계 66위, 2017년) |
| 언어 | 영어, 벰바어(Bemba), 냔자어(Nyanja) |
| GDP | 23억 1,370만$(국내총생산, IMF: 2017년) |
| GDP/1인당 | 4,120$(WORLD BANK, 2017년) |
| 화폐 | Kwacha(콰차) |
| 전압 | 220V |
| 국화 | 부겐빌레아(Bougainvillea) |
| 국조 | 아프리카 물수리(Haliaeetus vocifer) |
| 여행경보 | 여행경보단계: 없음 |

Republic of
Zimbabwe

| | |
|---|---|
| 수도 | 하라레(Harare) |
| 면적 | 386,850㎢(남한의 3.3배, 세계 59위) |
| 인구 | 16,983,799명(세계 69위, 2018년) |
| 언어 | 영어, 아프리칸스어, 줄루어, 소토어, 츠와나어 |
| GDP | 15억 2,850만$(국내총생산, IMF: 2017년) |
| GDP/1인당 | 2,330$(WORLD BANK, 2017년) |
| 화폐 | US, RAND(남아공), Z$(짐바브웨 달러) |
| 전압 | 220V |
| 국화 | 불꽃 백합(Flame Lily) |
| 국조 | Bateleur Eagle(African fish Eagle) |
| 여행경보 | 여행 유의: 전 지역 |

잠비아
ZAMBIA

NORTHERN

LUAPULA

● Kasama

● Mansa

MUCHINGA

Solwezi ●

Ndola ●

NORTH-WESTERN

COPPERBELT

Chipata ●

EASTERN

Kabwe ●

WESTERN

CENTRAL

LUSAKA

Mongu ●

○ Lusaka

SOUTHERN

MASHONALAND
CENTRAL

MASHONALAND
WEST

Livingstone ●

Harare ○
● Chitungwiza

MASHONALAND
EAST

MATABELELAND
NORTH

Kwekwe ●

MIDLANDS

Mutare ●

MANICALAND

● Gweru

Bulawayo ●

BULAWAYO

● Masvingo

MATABELELAND
SOUTH

MASVINGO

짐바브웨
ZIMBABWE

# 모시 오아 툰야(빅토리아 폭포)

빅토리아 폭포는 아프리카 남부 앙골라와 잠비아 일대에 흐르는 작은
강물이 모여 큰 물길을 이루다 계속해서 짐바브웨와 잠비아 국경을 따라
동쪽으로 흘러 모잠비크를 관통해서 인도양으로 흘러가는 2,740㎞의 잠
베지 강 중류에 폭 1,680m, 최고높이 108m로 세계에서 가장 긴 폭포다.
1855년 스코틀랜드 선교사이자 탐험가인 리빙스턴David Livingstone, 1813~1873이 이
를 발견하고 영국 빅토리아 여왕의 이름을 따 '빅토리아 폭포'라고 불렀다.
여담餘談으로 위치는 다르지만 빅토리아호Lake Victoria, 한반도 면적의 1/3는 우간다, 탄
자니아, 케냐 세 나라에 걸쳐있는데 킬리만자로의 만년설이 녹아 흘러 만
들어졌다. 빅토리아에서 시작된 작은 강들이 아프리카대륙에 흘러 나일강
을 만들고 지중해까지 흘러간다. 이 강물이 인류 최고의 이집트 문명을 탄
생시켰다.

이곳 원주민인 콜로로족은 빅토리아 폭포를 멀리서 치솟는 연기처럼 물

보라만 보이고 굉음밖에 들리지 않기 때문에 '모시 오아 툰야'라고 불렀다고 한다. '천둥 치는 연기'라는 뜻이라고 한다. 잠비아와 짐바브웨를 잇는 T1 도로 이름도 Mosi-Oa-Tunya이다.

리빙스턴에 소재한 호텔에서 10시에 출발하는 무료셔틀버스가 운행되는데, 택시를 이용하여 일찍 출발했다.

빅토리아 폭포를 향해 8시에 출발했다. 9km 떨어진 입구에서 폭포 입장권을 180콰차(20$)에 구입하고 들어가면 원숭이들이 인사한다. 엄청난 굉음이 폭포에 가까이 다가갈수록 더 크게 들린다. 폭포 입구에 스코틀랜드 선교사이자 탐험가인 리빙스턴의 동상이 먼 곳을 보는 듯한 포즈로 서 있다.

마침 우기인데다 전날 밤 많은 비가 내려 엄청난 양의 물줄기가 땅으로 떨어졌다가 다시 솟구쳐 올라 천둥소리와 함께 소나기가 내리는 것처럼 쏟아져 온몸을 흠뻑 적신다. 물보라도 적당해야 폭포를 감상하는데 눈을 뜰 수도 걸음을 걷기도 어렵다. 우기에는 분당 약 5억 리터의 물이 쏟아질 뿐만 아니라, 물이 쫄쫄 흐른다는 건기에도 분당 천만 리터의 물이 폭포에서 쏟아진다. 폭포의 물이 떨어지면서 잠베지강의 현무암을 깎아내 현무암의 작았던 균열들이 움푹 파여 협곡이 만

들어지고, 이러한 과정들이 오랜 세월 동안 반복되면서 7개의 폭포가 만들어졌다. 우의를 입었지만 온몸이 물에 젖고, 길 위는 물이 흘러넘쳐 신발 속에 물이 들어가 질척거린다.

빅토리아 폭포는 짐바브웨와 잠비아 두 나라의 국경선에 걸쳐있다. 협곡을 경계로 왼쪽은 잠비아, 오른쪽(동쪽)은 짐바브웨이다. 잠비아 폭포 쪽을 감상한 다음 짐바브웨 쉼터Rain forest cafe에서의 커피 맛이 일품이었다(커피 2$, 향토 맥주 3$, 커피라떼 3$).

짐바브웨 쪽의 폭포를 보기 위해 잠비아를 출국하여 리빙스턴 브리지를 건너 1.6km를 걸으면 짐바브웨 출입국 사무소가 나온다. 리빙스턴 다리는 1904년 건설된 철교로 기차가 다니는 철로와 자동차도로, 사람이 다니는 인도로 설계되었는데 다리 중간에 철길 쪽으로 번지bungee를 하는 점프대의 높이는 아래 바토카 협곡까지 111m로 개설 당시에는 세계최고높이였으나 지금은 세계에서 3번째로 가격은 160$이다.

리빙스턴 다리를 건널 때 양쪽 입구에서 군인이 여권확인→출입국심사

→다시 여권확인의 절차를 거친다. 여권을 확인하는 군인이 우리가 South Korean인 줄 알면서도 아이 러브 김정은! 하고 농담을 건넨다. 짐바브웨는 잠비아 입장료보다 10달러를 더 받는다(30$). 짐바브웨에서 감상하는 빅토리아 폭포는 길이가 엄청 길고, 폭포를 감상하는 전망대View-Point가 15곳이다. 짐바브웨 쪽에서 멀리 리빙스턴 섬과 악마의 폭포라는 데빌스풀(잠비아 측에 있으며 수천 년 동안 바위의 침식으로 물웅덩이가 만들어졌다, Devil's Cataract라는 좁은 절벽)이 보이는데 엄청난 물에 잠겨있다. 우기에는 위험하여 들어갈 수 없고, 일 년에 두 달 동안(수량이 적은 건기, 9월~10월)만 들어갈 수 있다고 한다. 말발굽폭포의 물 떨어지는 장면이 멋지다는데 하늘을 향해 튀어 오르는 물보라로 전혀 볼 수가 없다. 우기의 물보라 벽은 폭포 높이의 3배인 300m 이상 튀어 올라 60㎞ 떨어진 곳에서도 이 광경이 보인다고 한다. 세계 3대 폭포인 나이아가라 폭포나 이구아수 폭포는 배를 타고 떨어지는 폭포의 물줄기 아래에서도 쳐다볼 수 있었지만 빅토리아 폭포는 넓은 물웅덩이로 떨어지는 것이 아니라 폭이 75m인 절벽 틈으로 떨어지는 것을 건너편 절벽 위에서 감상한다.

빅폴 관광순서를 거꾸로 했더라면 더 좋았을 것 같다.

빅폴 관광 시 대부분 관광객이 리빙스턴에서 숙박 후 잠비아 쪽에서부터 시작하는데 잠비아 폭포는 동쪽에서 시작하여 서쪽으로, 짐바브웨는 서쪽에서 시작하여 동쪽으로 진행된다. 건기에는 괜찮겠으나 우기의 잠비아쪽은 폭포에서 떨어지는 물보라가 심하여 신발과 옷이 처음부터 비에 젖고, 앞이 잘 보이지 않아 폭포를 제대로 구경할 수 없고, 길도 시냇가처럼 물이 흘러넘쳐 걷기가 어려웠다. 사진도 방수되는 스마트폰으로 찍기는 가능하겠지만, 전문카메라를 물보라 속에서 꺼내기에는 부담이 따른다.

관람순서를 짐바브웨 쪽에서 했더라면 비에 젖지 않고 관람하다가 잠비아 쪽에서만 물벼락을 맞았을 텐데 거꾸로 했다. 폭포의 전망 시설도 이구아수 폭포나 나이아가라 폭포처럼 나무데크의 보행시설과 전망대를 만들어 놨더라면 좋았을 것이다. 폭포는 웅장한데 관광객은 별로 많지 않았다. (이렇게 폭포가 웅장할 때는 경비행기 또는 헬리콥터를 타고 하늘에서 보는 것이 좋을 것 같다. 물벼락도 피하고. 가격은 160달러이다.) 또 폭포 입구에서 슬리퍼를 대여해 주는데 이를 이용하면 신발이 물에 빠지지 않으니 좋을 듯하다. 폭포의 볼거리가 4:1 정도로 짐바브웨 쪽이 많다. 짐바브웨 폭포 오가는 길에 도로에서 100만 달러 또는 5,000만, 100조 단위의 짐바브웨달러 화폐를 1달러에 기념품으로 사라고 권유한다. 돈 장사가 남는 것인지 짐바브웨 국경에서 균일가 1달러에 살 수 있는 짐바브웨 지폐를 우리나라 온라인 마켓에서는 값을 몇 배씩 불려 판다. 기념은 될지 몰라도 아무 쓸데 없다. 지금, 짐바브웨는 자국 통화 대신 미국 달러를 사용하니까.

짐바브웨란 말은 이 나라의 주요 부족인 쇼나Shona족 말로 'dzimba(큰 집, 여러 개의 집)+mabwe(돌)'이란 뜻이다. 즉, '돌로 만든 큰 집'으로 조상들의 위대한 유산이기 때문에 건국 후 국명으로 선정한 것이다. 한반도의 1.8배 크기인 39만㎢ 면적에 인구는 천칠백만인 잠비아와 국경을 접하는 국가는 12시 방향에 잠비아를 시작으로 시계방향으로 모잠비크, 남아공, 보츠와나, 나미비아 등 4개 국가와 접하며 수도는 나라 중심의 북쪽에 위치한 하라레Harare이다.

짐바브웨는 로버트 무가베가 정권을 잡아 처음에는 통치를 잘했으나 2003년 영연방에서 탈퇴한 뒤 극심한 인플레로 물가상승률이 2억 3천만 퍼센트에 달한 적도 있었다고 한다(10년간의 물가상승률은 5,000억 퍼센트). 화폐가치가 떨어져 벽지를 사서 벽을 바르는 것보다 직접 돈을 바르는 것이 더 낫다고 한다. 영연방 탈퇴 전에는 아프리카의 선진국으로 불리며 비옥한 토지에서 생산되는 곡물로 아프리카의 곡창지대로 불리고 산업의 비타민이라는 희토류와 다이아몬드 매장량도 풍부한 나라였는데 지금은 아프리카 최빈국이 되었다. 아프리카 최고령 독재자 무가베 대통령(93세)은 37년 장기집권에 의한 부패와 실정으로 탄핵 위기에 몰리자 국민의 원성을 무마시키고자 그의 아내 그레이스(52세)에게 대통령을 물려주려다 군부 쿠데타로 인해 2017년 11월 대통령직에서 물러났다.

무가베 대통령이 그의 부인인 그레이스 무가베에게 정권을 이양하기 위해 당시 부통령이었던 에머슨 음란가와Emmerson Mnangagwa를 경질한 것이 국민들의 저항과 쿠데타를 불렀다. 결국 당시 부통령이었던 에머슨 음란가와가 대통령 직위에 오르고, 8개월 후 영국으로부터 독립한 지 37년 만에 짐바브웨 국민들은 직접 자신들의 지도자를 뽑는 첫 민주선거로 현 대통령을 선출했다. 그의 아내의 부패도 만만치 않아 별명이 '구찌 그레이스'였다고 한다. 명품 좋아한다고 사람이 명품이 되는 것은 아닌데 말로가 별로이다.

무가베가 집권 중이던 사임 1년 전인 2016년, 독재정권을 유지하려고 다이아몬드 광산을 비밀리에 관리하여 채굴한 다이아몬드를 인도, 두바이, 네덜란드 등의 국제시장에서 150억 달러(16조 원)어치 거래한 것으로 알려졌는데, 다이아몬드를 판매한 돈의 행방이 묘연해졌다고 한다. 대통령 재임 기간 사리사욕을 채운 사람들은 어느 나라를 막론하고 법의 심판대에 오르거나 권좌에서 내려왔다. 남아프리카 제이콥 주마 대통령도 인종분리정책(아파르트헤이트)에 항거하다 10년간 투옥되기도 했던 국민 영웅이었지만 외국산 무기도입 과정에서 뇌물수수 혐의로 권력이 저물기 시작했고 페루 대통령 페드로 파블로프 쿠친스키도 뇌물로 무너졌다. 2018년 7월 멕시코 대통령선거에서 부정부패와 범죄에 염증을 느낀 멕시코인들은 89년간 이어져 온 우파 정권을 물러나게 하고, 좌파 성향의 오브라도를 선택했으며, 징역 25년을 선고받고 일본으로 도망쳤던 전 페루 대통령 후지모리도 몰락의 불씨는 작은 뇌물로부터 시작되었다.


돈은 필요한 것이지만 사랑할 대상은 아니다.
돈이면 귀신도 부린다지만, 돈이 원수가 될 수도 있다.
이분들은 국민을 섬겨야 하는데 돈을 섬겼다.
돈을 섬기면 삶이 어두워진다.

# 루사카 국제공항 보안검색

게스트하우스에서 아침 식사 준비를 하고자 부엌에 나가보니 어제저녁 우리와 함께 식사하고 난 후 설거지를 하지 않아 음식 찌꺼기가 눌어붙은 프라이팬, 냄비, 칼도마, 뒤집개 등이 조리실 이곳저곳에 그대로다. 공동취사에 대한 배려가 전혀 없는 이웃 C 나라 청년들이다. 이 사람들 덕분에 장 여사께서 뒷정리하느라 수고했다.

아프리카는 연속한 볼거리가 없다. 한곳 보고는 다른 장소로 옮겨가고, 또 개구리처럼 점프하여 구경하고 또다시 다른 곳으로 이동하고, 비용대비 효율이 저효율이다. 오늘 아침부터 내일 아침까지 잠비아의 수도 루사카를 거쳐 탄자니아의 섬, 잔지바르까지 하루 종일 점프! 점프! 한다. 택시 – 버스 – 택시 – 비행기 – 택시 – 페리 – 택시 등으로 육, 해, 공 모두를 이용하는 여정이다.

아프리카는 중미에 비해 도로사정이 좋아 오토바이를 타며 여행한다면

좋겠다는 생각이 든다. 물론 한낮에는 덥겠지만…. 도로가 곧고 교통량이 많지 않으며 땅과 하늘이 맞닿은 것처럼 보이는 대평원을 모터사이클을 타고 질주하고 싶다. 모터사이클 라이더를 동경하게 된 때는 고등학교 재학 중 영화를 감상한 후부터였다. 프랑스 영화 〈다시 한 번 그대 품에〉라는 작품이었는데, 당시 프랑스 최고 미남 알랭드롱이 주연한 영화로 상대역은 영국 가수 출신 마리안느 페이스플(레베카 역)로 신혼생활 3개월째를 맞는 그녀는 불행한 결혼생활을 하던 중, 남편과 함께 잠을 자다 한밤중에 갑자기 일어나 맨몸에 검은 가죽옷을 입고, 하얀 헬멧에 검은 모터사이클을 타고 옛 애인 다니엘(알랭드롱)을 찾아간다.

그 당시 우리나라에는 배기량 50cc와 90cc의 기아 혼다 오토바이만 있었는데(하얀색의 교통경찰이 타는 고배기량의 오토바이도 있었지만) 영화의 모터사이클은 어찌나 멋있던지…. 영화 제목도 관능적으로 〈다시 한 번 그대 품에〉라 멋졌었다. 원제는 〈The girl on a motorcycle〉인데 어찌나 제목을 상상력 있게 붙였는지….

고3 때 극장에서 이 영화를 보고 있었다. 지금은 영상물 등급을 전체 관람가, 12세 관람가, 15세 관람가 등등, 청소년 관람부터 제한 상영가(제한 관람가)까지 이렇게 여러 등급으로 분류하는데, 당시는 '미성년자 불가'가 있었다. 극장 맨 뒤 좌석에 임검석이 있어 경찰관과 학교 지도 선생님들이 단속하고는 했었다.

한참 영화에 몰두하는데 누가 나오라고 하였다. 경찰? 아니면 선생님임을 직감하고 나오라는 반대 방향으로 튀었다. 무슨 큰 잘못을 한 것처럼 가슴은 두근대고… 아~ 영화는 보고 싶고. 그날 영화 보는 것을 망쳤다. 돈만 내고. 그 돈이면 극장 앞 문화당이라는 빵집에서 맛난 빵도 사 먹을 수 있었는데. 억울해서 다음 날 그 극장에 찾아갔다. 극장 입구에서 기도 보는 사람한테 어제 영화 감상 중 임검에 걸려 도망친 학생인데 다시 영화를 보게 극장 안으로 들여보내 달라고 했다. 그렇게 해서 〈다시 한 번 그대 품에〉를 다시 한 번 보게 되었다. 머릿속에 남는 기억은 영화가 해피엔딩으로 끝나지 않았다는 것이다. 당시는 영화가 해피엔딩으로 끝나거나 권

선징악으로 주인공이 나쁜 나라의 사람을 때려 부수면 손뼉 칠 때였다.

주인공 레베카가 알몸에 가죽옷 - 지퍼를 옷의 맨 밑에서 위까지 죽
~ 잠그기만 하면 끝인 옷이다. 당시 지퍼가 비싸고 귀한 때였다 - 을 입
고 프랑스에서 독일에 거주하는 옛 애인 다니엘(알랭드롱)이 있는 하이델
베르그를 찾아가면서 죽음을 암시하듯 다니엘이 레베카에게 처음 오토바
이 운전하는 것을 가르쳐주고, 다니엘과 변태적이고 에로틱한 사랑을 하
는 장면을 떠올리며 도로를 곡예 하듯 달리다가 대형트럭과 충돌하여 오
토바이에서 튕겨 달려오는 승용차의 앞유리를 뚫고 나가 죽는다. 교통사
고 장면의 슬로 모션과 함께 남녀 주인공이 사랑에 빠지고, 빠졌다가 다시
나와 또 사랑하는 에로틱한 장면들이 죽음의 사고 장면에 삽입되고, 결국
죽음을 맞이한 그녀의 귓가에 알랭드롱의 감미로운 목소리가 들려옴과
함께 예쁜 레베카는 숨을 거둔다. 당시 유럽 최고의 고전영화 로맨스 무비
였다.

고3 때 영화를 사랑하는 열혈학생 형만이는 충격이었다. 신혼 색시가
서방님과 자다 말고 몰래 빠져나와 맨몸에 지퍼가 달린 가죽 재킷을 입
고, 당시 한국에서는 교통경찰이나 타던 특유의 엔진 소리가 나는 멋진
오토바이를 타고, 숲 속 안개 낀 아우토반을 고속 질주하는 영상과 곁들
여 아름다운 멜로디의 OST는 촌놈 학생의 마음을 흔들어 놓았다(당시 우
리나라에는 고속도로가 없었다).

마리안느 페이스플(레베카)이 탔던 모터사이클 - 알랭드롱이 처음 타는
것을 가르쳐 줄 때는 NORTON MOTORCYCLE - 인 Harley Davidson Electra
Glide(교통사고 났을 때 탄 모델)는 1968년 제작 당시에 간접광고 PPL이 있

었는지는 모르겠지만 상표가 선명하게 나왔었다. 당시 모터사이클은 젊은 이들의 로망이었다. 할리 데이비슨의 이 모델은 지금도 페이스 리프트(부분 변경) 되어 생산된다는데 꿈만 꾼다. 이번 아프리카 여행비 두 명분을 합하면 최고급 할리 한 대 장만할 수 있었는데, 아쉬운 꿈만 꾸는 중이다.

당시 최고의 스타! 세계에서 가장 잘생긴 남자! 우월한 꽃미남 유전자를 가진 알랭드롱이 33살 때 찍은 영화였다.


리빙스턴에서 잠비아의 수도 루사카까지는 460km, 약 8시간 걸린다. 하루 종일 이동하면서 느낀 것은 사거리 교차로에 신호등이 없거나 영국처럼 로터리를 돌아가는 식이다. 400여km 거리에 이정표는 T1 도로와 T2 도로 갈림길에 단 한 번뿐이었다. 학교를 파하고 집으로 가는 학생들은 대부분 교복 차림으로, 달리는 버스를 보면 거수경례를 하거나 고개를 숙여 인사한다. 루사카에 가까이 다가갈수록 길가에 장사꾼이 많아지는데 땅콩, 수박, 토마토, 버섯, 고구마, 옥수수 등을 팔고 있다. 잠비아 인구 99%가 아프리칸이라는데 원주민 여성들을 보면 정성 들여 머리를 땋았다.

루사카 시내에 들어서면 중고차의 매연으로 숨이 막히기 시작한다. 버스가 터미널에 도착하니 짐꾼과 택시운전사가 몰려든다. 이때 소지품에 주의하여야 한다고 한다. 심지어 경찰관을 사칭하고 신분증을 보자고 하는 사이에 도난을 당하는 경우도 있다고 한다.


루사카 국제공항인 Kenneth Kaunda International Airport에 도착했다 (15km, 택시 25$). 공항 편의시설은 편의점과 커피전문점, 레스토랑 2곳 뿐이다. 한 곳은 중국식 누들 전문점, 한 곳은 이탈리안 레스토랑이다. 레

스토랑에서 티본스테이크를 주문했다. 우리 돈 약 9,000원 정도인데 맛은 좋은데 고기가 질겼다.

한국에서 출발 한 달 전, 잠비아 수도 루사카에서 콜레라가 발병하여 감염자 수가 2,000명을 넘어서면서 잠비아 정부는 콜레라 확산을 막기 위해 노점상과 공공집회를 금지하고 학교 개학을 연기하고, 여권 발급도 임시중단하였었다. 음식물 섭취에 긴장되었다.

루사카에서 탄자니아 다르 에스 살람까지는 비행기로 약 4시간 정도 걸린다. 공항에서 수하물을 부치는데 수화물 1개 34$, 2개 64$이다. 항공사 카운터에서 티켓발급과 함께 2개의 수화물을 부치겠다고 하자, 내 배낭을 저울에 달아보고 수화물 2개를 합쳐 30kg 이내면 하나로 계산을 해줄 수 있으니 두 개를 하나로 테이핑해 오라고 알려준다. 수화물을 따로따로 부치려고 했는데, 이득이 되는 방법을 알려줬다. 두 개를 하나로 합치는 테이핑료가 10$로 합치니 22$ 절약이다. 담당자한테 고맙다고 함께 악수하고 사진 찍고! 또 한 번 더 찰칵하고! 기분 좋다.

이어 케네스 카운다 국제공항 보안검색을 잘하고 있나 확인과정에 들어갔다. 남아프리카공화국에서 구입한 가죽 팔찌를 찬 상태에서 검색대를 통과했더니 삑~ 하는 소리와 함께 빨간 경광등이 빙글빙글~ 돌아간다. 아~ 이 팔찌! 검색대에서 뒤로 물러서며, 팔찌에 금속리벳으로 된 장식이 있어 그런 거야! 하며 팔을 들어 올린 상태로 통과하는데, 이번에도 삑~ 하는 경고음과 함께 빨간 경광등이 켜지며 빙글빙글~ 돌아간다. 아~ 이런! 이번에는 허리에 차고 있는 벨트를 풀어 플라스틱 바구니에 놓고 검색대를 통과하는데, 아! 그런데~ 이제는 문제없을 줄 자신했는데 다시금 삑~ 소리와 함께 빨간불이 켜진다. 마지막으로 스마트폰을 바구니에 담아 검색대의 컨베이어 벨트에 올려놓고서야 초록 불이 켜진 공항 보안검색대를 통과했다. 아! 이럴 때는 노래방에서처럼 팡파르Fanfare가 울려야 하는데^^.

삼세판! 도전해서 모두 적발되었다. 이런 사례도 드물다. 잠비아 케네스 카운다 국제공항 보안검색 점수 A⁺다. 이렇게 시간을 소비하고, 공항직원들의 도움과 독촉을 받으며 비행기에 제일 늦게 탑승했다. 공항 청사에서 비행기까지 브릿지도 없고, 이동 버스도 없어 걷고 뛰고 했다. 출발시각이 10분 남았는데도 내가 타자마자 시내버스처럼 비행기 문을 닫고 스튜어디스가 오라이~ 타자마자 이륙! 시내버스 비행기이다. 재밌는 것이 항공사 이름이 'Fast Jet'이다.

비행기는 짐바브웨 수도 하라레Harare에 잠시 들러 후다닥 승객을 태운 후 fast하게 날았다. 날아다니는 버스 Fast Jet! 비행기는 짐바브웨 하늘을 난다.


아프리카 비행기를 타면 왜 그런지 승무원이 통로를 돌아다니며 에어러졸 스프레이를 뿌린다. 방향제인지 소독약인지 알 수 없는데, 승객은 게이트에서 짐 검사 할 때 에어러졸이 발견되면 소지하고 탑승할 수 없다. 수하물에도 실을 수 없는데 정작 항공규정은 안 지킨다. 저가항공사답게 커피 2$, 샌드위치 5$, 맥주 3$ 등 공짜가 없다.

# 5장  탄자니아 연합공화국

United Republic
of Tanzania

| | |
|---|---|
| 수도 | 도도마(경제수도: 다르에스살람) |
| 면적 | 947,303㎢(남한의 9.4배, 세계 30위) |
| 인구 | 59,371,948명(세계 24위, 2018년) |
| 언어 | 영어, 스와힐리어 |
| GDP | 51억 1,940만$(국내총생산, IMF: 2017년) |
| GDP/1인당 | 3,460$(WORLD BANK, 2017년) |
| 화폐 | Shalling(TZS, 실링) |
| 전압 | 220V |
| 국화 | 정향(Cloves, Swahilli: mikarafuu) |
| 국조 | 비서새(Secretary Bird, Grey Crowned Crane) |
| 여행경보 | 여행경보단계: 없음 |

# 우리 여권 돌려줘!

새벽 6시에 탄자니아 다르에스살람 국제공항에 도착했다. 줄여서 '다르'라고 부르고, 평화로운 안식처라는 뜻의 다르에스살람Dar es Salaam은 인도양을 바라보는 탄자니아의 경제수도로 인구 520만 명의 큰 도시이다.

다르에스살람은 20여 년 전까지 탄자니아의 수도였는데 너무 동쪽에 위치하여 국가발전을 위해 탄자니아 중심부에 위치한 도시 도도마Dodoma로 수도를 이전하기로 하고, 국가기관을 지금도 이전 중이다. 국회는 1996년 이전을 완료하였고 기타 행정기관 등은 2020년까지 이전할 계획인데 현재 다르에스살람은 경제문화의 수도역할을 한다. 이렇게 탄자니아 수도는 2개로 행정수도는 중심에 위치한 도도마, 경제수도는 인도양에 접한 다르에스살람이다.

탄자니아의 정식국명은 영문명인 United Republic of Tanzania에서 알 수 있듯이 '탄자니아 연합공화국'이다. 9세기부터 15세기까지 이슬람, 인도 상인들의 노예무역의 주 거점지였다. 16세기에 잠시 포르투갈이 점령하였으나 오만세력이 잔지바르를 정복하여 통치하던 중 독일령 동아프리카 식민지가 되었다가 독일이 물러간 뒤 영국의 지배를 받았으며, 아프리카 본토에 속한 탕가니카는 영국으로부터 1961년 독립하여 잔지바르 인민 공화국으로, 잔지바르는 술탄국으로 독립했으나 후에 공화정이 되면서 탕가니카 공화국과 두 나라가 합쳤다. 탄자니아 국명은 육지의 탕가니카Tanganyika와 잔지바르섬Zanzibar, 펨바섬 포함을 합쳐서 탄자니아합중국United Republic of Tanzania이다.

잔지바르섬에 가기 위해 공항에서 택시를 타고 선착장에 도착했는데 선박회사 직원이라는 사람이 나타나 7시에 잔지바르로 출발하는 페리를 타게 해준다며 함께 가자고 한다. 아울러 잔지바르행 페리 출발시각이 촉박하여 승선권을 빨리 구입해야 탈 수 있으니 여권을 달라고 요구한다. 엉겁결에 여권은 그의 손에 들어가고~ 그를 따라간 곳은 페리 선착장 부근의 선박중개인 사무실 같았다. 여기서 얘기가 달라진다. 우리를 선박사무실까지 데려온 그는 잔지바르섬까지 선박운임은 35$인데 30$만 더 내면 비행기를 탈 수 있으니 비행장에 가서 비행기를 타면 어떻겠냐고 권유한다. 싫다고 하니 배를 타면 3시간 반 거리를 비행기 타면 15분이면 도착할 수 있어 시간이 절약된다고 꼬드긴다. 선박회사 직원이라는 사람이 배를 타지말고 비행기를 타라는 게 말이 되느냐? 단호하게 안 돼! 우리 여권 돌려줘! 이렇게 해서 위기에서 벗어났다.

7시에 출발하는 페리를 탄다는 말에 깜박 속아서 여권을 맡기는 실수를 했다. 그는 우리가 직접 페리 승선권을 구입하러 가겠다고 하자, 매표소에서 외국인들에게는 표를 팔지 않고 현지인들에게만 표를 판다고 했다. 실제 페리 티켓 판매하는 사무실의 외국인 티켓 판매부스는 문이 닫혔고 탄

다르에스살람 여객터미널

자니아 거주민 판매부스만 열려있었다. 어쩌나! 하고 대합실 밖에서 경비 서는 군인에게 외국인은 티켓을 어떻게 사야 하는지 물어보니, 내국인 판매부스에서 함께 판매한다고 알려준다. 아울러 페리 승선권을 사주겠다고 접근하는 사람들을 조심하라고 알려준다. 고맙다고 캔디와 볼펜을 경비군인에게 선물했다. 시간에 쫓기는 급한 마음에 생각할 겨를이 없어 속았다. 만약 그가 여권을 갖고 도망쳤다면? 어휴~ 아찔했던 순간이었다. 사기꾼과 승강이하는 동안 잔지바르행 7시 페리는 눈앞에서 떠나고 9시 30분 킬리만자로호 배표를 구입했다.

인도양의 오이스터 만Oyster Bay을 빠져나오는 킬리만자로호 뱃전에서 바라보는 다르에스살람 항구 전경은 탄자니아 경제수도답게 장관이다. 높은 건물과 숲, 많은 사람이 몰려 경매를 하는 어시장, 인도양의 옥빛 바다 위에 떠 있는 솜털 구름과 푸른 하늘을 뒤로하고 3시간을 항해하여 아프리카의 흑진주로 불리는 잔지바르섬에 도착했다. 그러나 승객들이 바로 나가

지 못하고 길게 줄을 서서 새로운 나라에 입국하는 것처럼 입국신고서를
작성한다.

　탄자니아에서 탄자니아로 이동하는데 출입국심사를 받아야 하는 사유
는 이렇다.

　잔지바르는 1503년 포르투갈에 점령되어 식민통치를 받다가 1698년부
터 오만 제국의 통치를 받았고, 이 시기의 잔지바르는 노예무역의 중개무
역지로 번영을 누렸다. 노예무역의 번성으로 오만 본토보다 잔지바르에 부
와 영화가 집중되는 현상이 발생했다. 19세기 중반 오만 내에서 술탄 직
위 계승 분쟁이 일어나 잔지바르는 오만 제국으로부터 독립하였다. 그러
나 잔지바르는 수에즈 운하의 등장으로 쇠퇴가 가속화되어 영국의 보호령
이 되었고 결국은 식민지화되었으나, 2차 세계대전 후 영국이 아프리카 각
지에서 손을 떼기 시작하면서 1963년 잔지바르 술탄국으로 독립하였으나
1964년 1월 잔지바르 혁명 이후 탄자니아와 합병하여 탄자니아연합공화
국의 자치령이 된다. 합병 후 내분으로 오랫동안 분쟁상태였었는데 1979

년 우간다와 탄자니아 사이 영토전쟁 이후 탄자니아 정부가 힘이 약할 때 독립을 위한 투쟁을 벌여 정부와 협상 끝에, 독립 대신 탄자니아령 잔지바르주로 별도의 자치헌법을 마련하여 대통령과 내각을 갖추고, 입법, 행정, 사법에 있어 정체성 있는 독립적인 지위를 갖도록 하였다. 따라서 출입국에 관한 모든 절차를 국가에 준해 똑같이 받아야 하는 것이다. 여행객의 입장에서는 번거롭다. 황열병 예방접종카드와 입국신고서를 제출하고, 여권에 입국스탬프를 날인받아야 한다. 짐 검사 할 때 검색대를 통과하고 또 풀어헤치고, 어렵게 1시간 만에 게이트를 나오면 마차의 짐꾼들이 달려든다. 인도양의 천국이라는 잔지바르에 도착한 실감이 난다. 선착장 출입구에 빨간색 글씨로 'KARIBU ZANZIBAR'라고 쓰여 있다. 카리브! 카리브! 아프리카 여행 중에 많이 듣던 말이다. '환영합니다! 잔지바르에 오신 것을'의 뜻이다.

잔지바르는 페르시아어의 잔지(검은, 흑인)와 바르(모래해안)가 합쳐진 복합어로 '검은 해안'을 뜻한다. 페르시아인들이 잔지바르를 아프리카와 중동 그리고 인도를 연결하는 무역항으로 사용하면서 발전했다고 한다. 전 세계에서 몰려온 선박이 상아와 정향, 야생동물 가죽을 실어 나르기 위해 잔지바르 항구로 몰려들었다. 또한 악명 높은 노예상인들이 원정대를 이끌고 아프리카 내륙 깊숙이 들어가서 채집과 사냥해온 전리품인 노예를 실어와 경매하여 수출했던 중계무역항이었다.

남북으로 고구마처럼 길게 생긴 섬의 길이는 약 87km이고 폭은 20~30km이다. 섬 주변은 작은 섬들과 함께 잔지바르 제도를 이루는데 인구는 135만 명 정도이고 언어는 스와힐리어Swahililanguage를 사용한다.

스와힐리는 아프리카 동남부와 인도양 서부 연안 일대의 지명을 말하는데, 지명의 유래인 아랍어로 해안을 의미한다. 중세시대에 아랍상인들이 아프리카 내륙과 무역을 위해 진출한 지역으로, 현재 영토기준으로 케냐와 탄자니아 해안 전체, 모잠비크 북부 해안지역이 해당된다. 스와힐리에 사는 사람을 '와스와힐리'라고 부른다. 대부분 이슬람을 믿는 흑인들로 스와힐리인들은 아프리카 해안지역에 살던 아랍인들이 아프리카 원주민들과 결혼하여, 그 결과로 아랍 부계(父系)와 아프리카 모계(母系)의 스와힐리(Swahili)인들이 탄생했는데 아랍인이 수적으로 매우 적어, 3세대에 이르자 그들만의 스와힐리어를 사용하게 된다.

잔지바르는 전통적으로 향신료와 노예를 거래하는 시장을 운영하여 번성하였는데, 당시의 유적들이 스톤타운Stone town이라는 지명으로 현재까지 남았다. 스톤타운은 돌을 쌓아서 지은 건물들이 마을을 이루어 유래된 이름이다. 해안지역에 위치한 스톤타운은 미로 형태의 구불구불한 골목 관광으로도 인기가 높은데 이곳을 지배했던 문명에 따라 원주민문화, 아랍문화, 유럽의 문화가 함께 섞인 독특한 지역으로 유네스코 세계문화유산으로 지정되었다.

숙소는 스톤타운의 작은 호텔인데 손바닥만 한 현관 마당을 지나 3층으로 된 건물로 옥상에 해가림하여 식당으로 사용하게 만든 호텔이다. 객실에 에어컨은 가동되지만 전압이 낮은지 그다지 시원스럽지 않고 천장에 모기장을 매달아 놓았다.

노예박물관을 방문했다(5$, 1,150실링). 동아프리카 노예무역의 중심지인 잔지바르의 노예매매시장이 있던 장소에 그들의 희생을 추모하고 잊지말자는 의미에서 박물관을 개설했다고 한다. 공식 명칭은 'EAST AFRICAN SLAVE TRADE EXHIBIT'이다. 아프리카 원주민문화와 노예무역이 시작되기전, 그들의 평화로운 삶과 노예로 끌려오는 과정, 노예무역의 슬픈 역사를설명하고 참혹한 사진과 삽화를 전시했다. 설명글에 의하면 대부분 노예

는 아랍의 노예상인이 원정대를 구성하여 아프리카에 가서 잡아 오기도 하였지만, 아프리카의 강력한 원주민 종족들이 다른 부족을 공격하거나 납치하여 인도와 아랍상인들에게 팔아 부를 축적하기도 했다고 한다. 실제 노예들을 끌고 가는 사진 속의 상인도 아랍인이다. 이렇게 잡혀 온 노예들이 잔지바르에 내리면 노예상인은 숫자에 따른 세금을 내고, 노예는 경매에 부쳐지는데 어린 노예와 여자 노예는 비싼 값에 팔리고, 나이가 많거나 병약한 노예는 헐값에 팔리거나 아예 팔리지도 않았다고 한다. 이들에게는 짐승같이 코뚜레를 하거나 평생 열 수 없도록 대장간으로 데리고 가 쇠고랑 족쇄를 채우고, 노예를 두 사람씩 나무칼을 씌우거나 목을 나무로 엮어 도망갈 수 없게 만들어 노동을 시켰다.

박물관 한쪽의 비좁은 지하 계단을 내려가면 2개의 노예 방이 있는데, 팔려나가기 전의 남, 여 노예를 수용하던 곳으로 빛이 한 점도 들지 않는 컴컴한 방은 일어설 수도 없는 낮은 천장이었다. 가장 가슴 아팠던 사실은 어린 여자 노예가 6살 때 탈출을 시도하였다는 벌로 발목에 쇠고랑 족쇄를 차고 이를 다시 무거운 굵은 쇠사슬 체인으로 통나무에 연결하여 움직이기 위해 통나무를 머리에 이고 이동하는 사진이었다. 통나무의 무게가 32파운드(14.5kg)라고 설명글에 쓰여 있다.

노예박물관 후원은 아이러니하게도 앵글리칸 성공회성당이 한다. 잠베지강을 탐험 중에 빅토리아 폭포를 발견한 영국의 선교사이자 탐험가인 데이비드 리빙스턴도 노예제도를 반대하고 폐지를 주장하였다는데 그래도 종교단체가 관심을 가져 다행이라는 생각도 든다. 하지만 19세기 중반 유럽의 일부 교회와 성직자들은 노예를 시장에서 사서 교회나 자신들이 부리면서 지옥에서 구해왔다고 자랑스럽게 여기는 일도 있었다고 한다. 참회하느라 그랬던 것일까? 노예제도가 폐지된 후 영국성공회는 노예시장이 있던 자리에 교회를 세웠다. 교회 내부 중심에 동그랗게 표시된 지점이 있는데, 이 지점이 노예를 경매할 때 노예를 세워놓던 포인트였다고 한다. 원래는 대영제국의 위상에 걸맞게 높은 건물로 위용을 과시하고자 하였으나 잔지바르를 지배하는 술탄이 자기가 거주하는 건물보다 높은 교회를 지을 수 없다고 하여 계획보다 낮게 건축할 수밖에 없었다고 한다. 노예박물관과 앵글리칸 성공회성당 앞마당에 노예제도의 반성과 이를 잊지 말자는 모뉴멘트(기념 조형물)가 설치되어 있다. 실물 크기 노예들의 목에는 쇠사슬이 감겨있고 발에 족쇄가 채워져 절망적인 표정이다. 쇠사슬과 족쇄는 실제 노예에게 채워졌던 것이라고 한다. 인간의 잔인함에 씁쓸하고 허망하고 비분한 마음이다. 어떻게 사람을 팔고 살 수 있나?

# 스파이스(향신료) 투어

잔지바르섬에서 모터보트를 타고 30여 분 달리면 멀리 바다 한가운데 한일자 모양의 새하얀 모래톱이 보인다. 나쿠펜다섬Nakupenda sandbank이라고 하는데, 낮에는 모래섬이었다가 밤에는 바닷물에 잠긴다. 산호와 모래가 퇴적되어 만들어진 섬인데 아무도 살지 않는, 아니 살래야 살 수 없는, 나무 한 그루, 풀 한 포기도 없는 모래톱 말고는 아무것도 없는 섬이다. 경사가 완만하여 수영하기에 좋지만 햇빛이 너무 강하여 그늘막이나 비치파라솔이라도 있었으면 하고 아쉽다. 나쿠펜다에서 한참을 놀다 다시 보트로 20여 분을 달리면 창구섬Changuu island이다.

일명 감옥섬Prison island이라고도 하는데 잔지바르에서 노예무역이 한창일 때 아랍 노예상인들이 죄를 짓거나 반란을 일으킨 노예들의 감금 목적으로 지어 사용했으나, 영국군이 잔지바르에 주둔하면서 이 섬을 감옥으로 만들기 위해 건축공사를 끝냈는데 마침 풍토병이 돌기 시작하면서 감옥으로 사용하지 못하고 병에 걸린 환자들을 격리할 목적으로 사용하였다고 한다.

선착장에서 내리면 수영장이 있는 멋진 리조트를 지나 거북이들이 사는 거북이 성소Tortoise Sanctuary가 있다. 4$를 주고 입장권을 사면 거북이 먹이인 풀을 함께 준다. 거북의 나이는 평균 100살 이상이며, 덩치가 큰 거북이는 185살이 되었다고 한다. 세계 최고령인 세이셸군도의 거북 '조나단'보다 한 살 적다. 거북 등에 페인트로 나이를 표시했다. 이들 거북이는 잔지바르에서 1,800km 떨어진 아프리카대륙의 동쪽 인도양의 영연방 국가인 세이셸군도에 살던 거북이들인데 세이셸 술탄이 1920년대에 잔지바르에 사는 영국인들에게 선물로 준 거북이들이라고 한다. 아프리카에 서식하지만 마다가스카르 방사상 거북이다. 처음에는 잔지바르 스톤타운에 거주하는 영국인들 정원에서 키웠는데 관리가 어렵고 개체 수가 늘지 않아 방사될 장소를 찾던 중 사람들의 접근이 쉽지 않은 감옥섬에 방사하였다고 한다. 국적을 옮긴 지 거의 100년이 되는 셈이다. 오래된 큰 거북은 130여 마리이고 알을 낳아 부화한 새끼 거북이들은 별도의 울타리 내에 보호한다. 큰 거북들은 바다와 연결된 굴이 있어 이곳으로 드나든다고 한다.

감옥섬에는 나무데크로 연결된 바닷가에서 스노클링을 하거나 리조트 호텔과 감옥시설 내의 레스토랑, 기념품 가게가 전부다. 작은 섬이어서 한 바퀴 둘러보려고 하였으나 일부는 개인 소유인지 펜스가 가로막았다.

점심은 잔지바르에서 제일 비싼 요리인 대구구이, 랍스타, 새우, 문어 등을 주문했는데 문어 말고는 요리 솜씨가 신통치 않다. 레스토랑 이름이 '6°South Zanzibar'이다. 이 레스토랑 위치가 남위 6도 09분 51초이기 때문이다.

바다가 보이는 곳 Cafe Baboo의 무꿍나무mkungu 아래 그늘에서 시원한 과일 음료(3,000콰차)를 마시며 에메랄드 빛 인도양을 바라본다. 바다 하나만으로도 천국이다. 대항해시대에 희망봉을 돌아 인도양을 건너 인도네시아의 향료를 수입하려면 위험한 계절풍과 맞닥뜨려야 했다. 그런 만큼 잔지바르의 향료는 유럽의 무역상들에게는 가까워 향료의 메카라 할 만큼 매력적이었다. 특히나 정향은 세계 생산량의 90%가 잔지바르에서 생산된다.

향신료 작물농장을 방문하여 스파이스 투어를 했다. 보통은 투어회사

새하얀 모래톱 나쿠펜다 섬. 낮에는 모래섬이었다가 밤에는 바닷물에 잠긴다.

에서 호텔을 돌며 다양한 국적의 투어 예약자들을 픽업하여 농장을 방문한다. 농장의 종류는 정부소유의 농장과 사설농장인데 국가에서 경영하는 대형농장은 식물 종류 중 한 종목을 선택하여 대량으로 재배하는 곳이며, 사설농장은 여러 종류의 향신료식물을 혼합 재배한다고 한다. 우리가 방문한 농장은 스톤타운에서 북동쪽으로 15km 떨어진 곳의 사설농장으로 개인이 경영하는 작은 농장에서 여러 가지 향신료 원료가 되는 식물을 견학할 수 있었다. 전문가이드가 설명한 향신료식물을 직접 보고, 냄새를 맡고, 맛본 경험을 나열해 본다.

바닐라 나무Vanilla planifolia 덩굴식물로 나무줄기를 감아 올라간 녹색의 바닐라 덩굴에 길쭉하게 오이처럼 생긴 열매가 열리는데 이 열매를 따서 발효시켜 우유나 아이스크림, 초콜릿 등에 사용하는 향신료를 만든다고 한다.

카르다몬 나무Cardmon tree 땅바닥에 줄기로 자라는 다년초로 뿌리와 열매를 햇볕에 말려 사용하는데, 뱃멀미에 좋고 향긋하고 커피 향이 난다. 소화를 촉진하고 경련 방지약, 건위제로 쓰인다고 한다.

넛메그Nutmeg 긴 타원형 열매로 육두구라고도 하는데, 영어 이름대로 사향 향기가 나는 호두라는 뜻이다. 살구처럼 성숙하면 노란색 껍질이 벌어져 붉은빛을 띤 열매가 나오는데, 남자가 먹으면 잠이 오고 여자가 먹으면 비아그라라고 한다. 여자들이 음식을 만들 때 조금씩 넣어 남편에게 준다고 하여 '사랑의 묘약'이라고도 한다. 정신을 자극하는 향료로 흥분제 성분이 있다.

일랑일랑Ylang Ylang 꽃말이 관능적이고 에로틱한 분위기와 화려함을 나타내는데, 유명한 샤넬 No 5가 일랑일랑 꽃을 증류시켜 만든 제품이라고 한다. 일랑일랑은 '꽃 중의 꽃'이라는 뜻이다. 그 자체의 향보다 다른 물질과 섞이면 향을 더욱 돋보이게 하는 향료로 모든 향에 다 들어간다.

시나몬 나무Cinnamom um tree 실론 계피나무라고도 하는데 시나몬오일을 추출하고 약재로도 사용하며 정향, 후추와 함께 3대 향신료로 불린다.

레몬 그라스Lemon grass 레몬 향이 나는 허브로 향신 채소와 비누의 원료로 쓰이는데 타이 음식에 많이 사용되거나, 모기 기피제로도 사용되기도 하며 아로마테라피에 사용되고, 수프나 카레 요리에 사용된다고 한다. 레몬처럼 시트러스(citrus, 감귤) 계열이다.

페파콘Peooercorn 우리 식탁에 언제나 등장하는 후추는 16세기 영국, 스페인, 네덜란드, 포르투갈이 후추무역의 패권을 놓고 후추전쟁을 벌였을 정도로 중세유럽에서는 금 이상으로 귀하게 여겼다. 후추를 향신료나 약으로 쓰고, 화폐를 대신하기도 해 세금을 후추로 내기도 했다고 한다. 후추를 이렇게 귀하게 여긴 이유는 소금을 대신하는 맛과 여러 가지 향을 낼 수 있고, 육류의 부패를 억제하는 항균작용을 하여 고기 냉장을 할 수 없었던 시대에 귀했기 때문이라고 한다.

진저Ginger plant 생강나무로 노란 꽃은 향기가 좋고 열매 기름은 남성에게 Good이라고 한다.

클로브Clove tree 정향나무로 갈색의 꽃봉오리를 향신료로 쓰는데 향신료 중에 향과 맛이 제일 강하여 아주 적은 양을 사용해야 한다. 탄자니아 화폐 500실링 뒷면에 클로브를 채취하여 손질하는 여인의 모습이 그려있다.

립스틱트리Lipstick tree 붉고 길고 뾰쪽한 털이 달린 타원형 열매를 반원형으로 쪼개면 붉은 씨앗이 들어있는데 씨앗의 과즙에서 얻은 붉은색을 립스틱 색소원료로 사용한다.

 이외에도 과육을 제거하고 씨를 먹는다는 인디언 아몬드는 과육의 빨간
색이 입술에 묻어 립스틱을 바른 것처럼 되어 남자들이 싫어하는 열매라
는 것과 샤워숍Soursop이라는 나무는 자기 열매를 보호하기 위해 벌레들이
과일을 둘러싸게 한다는 것과 매트리스와 베갯속 또는 라이프 재킷에 사
용된다는 케이폭, 70도의 독주를 만든다는 파파야, 별 모양의 과일인 스
타푸르츠, 고슴도치 같은 울퉁불퉁한 모양의 잭푸르트, 구아바, 두리안,
아보카도, 빨간 꽃의 칠리 등 수많은 나무와 식물의 열매와 줄기 잎 등을
보고 냄새를 맡았다. 평생 맡을 냄새를 오감으로 느끼며 반나절 만에 다
섭렵했다.

농장의 큰 나무가 하늘을 찌른다. 아프리카에서 잡혀 끌려온 노예도 이 같은 농장에서 정향나무를 타며 열매를 땄겠지. 가이드와 농장에서 일하는 인부와 아이들, 농장에서 비닐봉지에 제품 같지도 않은 원료수준의 향신료를 파는 사람들 모두 노예의 후손일지도 모른다.

어제 노예박물관에서 관광객들에게 땀 흘려가며 열심히 설명하던 검은 피부의 가이드들을 볼 때도 지금 저 사람들은 조상에 대한 슬픈 이야기를 하고 있겠지… 생각하며 속으로 울었다. 사백 년 동안 줄잡아 백만 명 이상의 아프리카 원주민들이 잔지바르 노예시장을 거쳐 인도양을 건너 노예로 팔려갔다. 노예무역이 끝난 뒤에도 한동안 불법으로 거래되다가 누군가는 향신료의 섬에서 고단한 노동을 하며 질긴 목숨을 이어갔을 것이다. 잔지바르는 무슬림이 96% 이상이라던데 그들의 조상을 매매하고 비참한 삶을 살게 한 아랍상인들이 들여온 종교를 믿는 게 이상하게 느껴졌다. 향신료에 대한 일정이 끝날 때쯤 우리를 졸졸 따라다니던 원주민 총각이 녹색의 야자나무 잎으로 모자를 만들어 빨간 히비스커스 꽃을 꽂아 건네는데 사지 않을 수 없었다.

# 경이로운 집

잔지바르섬은 고구마처럼 길쭉한데 스톤타운에서 북쪽으로 60km 지점에 능귀Nungwi 해변이 있다. 능귀는 잔지바르에서 최고의 휴양지이다. 능귀로 가는 도로변은 바나나나무와 양철지붕의 집, 혹등소가 많다. 중세시대에 인도 상인들이 거주해서인지 인도에서 가져온 혹소Bos Primigenius가 많이 보인다. 주민 96%가 이슬람으로 여인들이 대부분 부루카를 쓰고 다닌다. 해변과 부르카! 맞지 않는 조합이다. 이들은 해수욕을 어떻게 하는지 궁금했는데 해변에 부르카를 쓴 이슬람 여성들은 없다. 외국 관광객들도 해변에서의 비키니 차림은 괜찮지만 해변을 벗어난 동네에서 다닐 때는 상의를 벗거나 반바지 차림은 안 된다고 가이드 겸 운전사가 주의를 준다. 이슬람 여인들이 해수욕할 때는 부르키니를 입는다고 한다. 부르키니burqini는 이슬람 여성의 전통복장 부르카와 비키니의 합성어이다.

속살을 드러낼 수 없는 이슬람 여성을 위해 2005년 처음 개발되었다고 하는데, 햇볕과 사람들의 시선에서 보호받을 수 있어 이슬람 여성들의 환

영을 받지만, 유럽인들이 많이 찾는 일부 고급 리조트일 경우 자체적으로 부르키니 입장을 제한한다고 한다. 외국인 관광객을 끌어모으는 데 방해가 된다는 관광 종사자들의 압력 때문이라고 한다. 부르키니는 래시가드처럼 몸에 딱 붙는 재질의 수영복이지만 몸의 형태를 드러내지 않기 위해 원피스를 덧씌운 투피스 형태의 복장이다. 주민 대부분이 무슬림인데 관광수입을 위해 부르키니를 제한하는 경우가 프랑스와는 사뭇 다르다. 인종차별이 덜한 프랑스의 경우 전통적으로 정치와 종교를 엄격히 분리하여 특정 복장은 세속원칙에 반하며 테러 우려의 이유로 공공장소에서 종교적 행위를 금하여 30여 개 도시가 해변에서 부르키니의 착용을 금지한다.

잔지바르에서도 능귀는 해변의 모래사장이 아름답고 에메랄드 빛의 바다, 고운 모래의 화이트 비치, 강렬한 태양 빛, 높지 않은 파도, 해안가를 둘러싸고 있는 산호 바위, 이 모든 것이 어우러져 풍경이 더욱 아름다워

아프리카는 오늘도 하쿠나마타타

보이는 곳이다. 바다 쪽은 모두 레스토랑과 고급 리조트가 차지했다.

백사장에 햇볕은 강하게 내리쬐는데 한국과 달리 비치파라솔이 없다.

해운대해수욕장은 비치파라솔이 세계에서 가장 많이 펼쳐진 해변이라고 기네스에서 인증하기도 했는데, 능귀는 파라솔 없는 해변의 연속이다. 어쩔 수 없이 해변의 레스토랑 아래 그늘진 곳에 자리했다. 레스토랑들은 해변을 따라 나무말뚝을 박고, 말뚝 위에 나무데크를 설치하여 탁자를 놓고 장사를 한다. 데크 아래는 그늘이지만 점점 바닷물이 밀려드는 밀물 시간이라 처음 자리 잡았던 장소를 옮길 수밖에 없었다. 해변과 동네 산책을 나설 때 신발 속으로 들어오는 모래가 싫어 맨발 차림으로 골목을 나섰는데 발바닥이 뜨거워 견딜 수 없을 지경이다. 기념품 가게에 진열된 상품들은 모두 비슷비슷하다. 목각, 면직물수공예품, 마사이족 뒷모습을 원색으로 그린 그림 등이다. 바다가 보이는 전망 좋은 레스토랑을 찾던 중 장소도 마음에 들고 이름도 부르기 좋은 방갈로Bungalows 레스토랑 '랑기랑기'를 발견했다. Langi는 폴리네시아(많은 섬들이라는 뜻) 마오리족 신화에 나오는 하늘(천공)의 아버지를 나타내는 뜻인데 에메랄드 빛 인도양이 내다보이는 전망이 멋지다. 바다에는 아랍의 전통 무역선인 삼각돛을 단 도우Dhow선도 지나가고 모터보트도 물살을 가르며 달린다.

나마비아 빈툭에서 만난 미국인이 잔지바르가 환상적이라며 꼭 가보라고 했었는데, 막상 와보니 그리 환상적은 아니다. 수영을 잘하거나 스노클링을 좋아한다면 바닷속은 환상적일지 모르나 물이 두려운 나는 찬사를 보낼 수 없다. 파도타기, 수상스키, 요트 등 액티비티를 즐긴다면 모를까 한번도 그 방면에 경험이 없다가 먼 아프리카 바다에서 모험할 용기가 없다.

그렇지만 여행은 마법!

어디인가는 중요하지 않다.

어디든 한적한 바닷가 테이블에 차 한 잔 또는 보리술 한 병 놓고 유유자적하면서 좋은 사람과 같은 공간을 채우며 아름다움을 공유한다면 그곳이 파라다이스 아닐까?

스톤타운으로 돌아와 어제 들렀던 잔지바르 커피하우스에서 커피와 빵을 시켰다. 잔지바르에 온 여행객들 중에 커피를 좋아하는 사람이라면 꼭 한 번은 찾는다는 커피전문점이다. 잠비아 국경 부근 해발 1,700m 고원에 위치한 커피 농장 음베야의 우텡굴레Utegule의 롯지에서 가져온 원두를 커피숍에 있는 로스팅 기계로 볶아 판매도 한다. 1층은 커피숍이고 좁은 계단을 오르면 2층은 게스트하우스로 사용하고 옥상의 루프탑은 커피숍으로 이용하는데 운영시간은 10시부터 오후 3시까지다. 손님은 거의 외국인인데 들어오면 모두 사진을 찍어댄다. 주문한 커피를 내왔는데 나무로 된 배 모양의 그릇에 설탕을 가져왔다. 설탕을 넣는 숟가락도 나무를 깎아 만든 스푼이다. 대량생산의 편리한 제품만 사용하다가 사람이 직접 수고하여 만든 생활 소품을 보면 그렇게 반가울 수가 없다. 여기 사람들은 값이 싼 나무제품이기에 사용하는 것인지도 모르지만.

잔지바르 항구 해변의 아름다운 공원 '포로다니' 앞에 '경이로운 집'이 있다. 잔지바르에는 술탄이 총 12명이었다고 하는데 옛 술탄의 궁전인 'House of wonder'는 잔지바르를 지배하며 부와 권력을 가진 아랍의 2대 술탄인 Barghashi bin shaid가 지은 19세기 잔지바르에서 가장 높고 최고의 호화로운 집으로 동아프리카에서 처음으로 전기와 엘리베이터가 설치되었고 수도시설이 갖춰진 건물이라고 한다. 3층으로 지어진 궁전은 술탄의 거처 겸 연회장으로 행사가 있을 때 사용한 건물로 지금은 박물관으로 운영된다. 탄자니아 화폐 10,000실링 뒷면에 경이로운 집 그림이 그려져 있다.

옆으로 가까운 곳에 'Old Fort'가 있다. 포르투갈 점령시기에 성당으로 지은 건물을 이슬람 세력이 잔지바르를 점령한 후, 성당을 헐고 그 위에 성벽을 쌓아올려 성채로 사용한 요새이다. 입장료를 내고 안으로 들어서면 음악과 춤 공연을 위한 야외공연장과 넓은 잔디광장, 성채 안쪽을 따라 각종 기념품을 판매하는 상점과 공방이 있다. 성채 안에서부터 우리를 따라다니던 원주민인 듯한 기념품 판매원이 여자들이 숄처럼 머리나 어깨 또는 허리에 둘러 직사광선을 막는 캉가Kanga를 사라고 계속 권유하여 아프리카틱한 노란 꽃문양의 바탕에 'HAKUNA MATATA'라고 쓰인 보자기를 샀다. 하쿠나 마타타라는 말을 아프리카에서 수없이 들었다. 아프리카 남동부에서 사용되는 스와힐리어로 '잘될 것이다. 괜찮아!'라는 의미라고 한다. 말하기도 좋다. 하쿠나 마타타! 하쿠나 마타타! 원주민들이 어려움에 처했을 때 중얼거리면 심리적으로 안정을 찾는다고 한다.

어제도 늦게까지 앉아 있던 해변의 포로다니 가든Forodhani Garden은 1935년 술탄 칼리파의 25주년을 기념하여 조성되었는데, 해안을 향해 놓여있는 대포 주위로 해 질 녘이면 십 대 후반의 젊은이들이 몰려들어 일몰의 바다를 향해 계속하여 뛰어든다. 한참을 도움닫기 하여 높이 솟구치거나 새가 나는 폼으로 바다를 향해 뛰어드는 젊은이, 그냥 풍덩 하는 초보 다이버, 한두 바퀴 공중회전을 하는 다이빙, 거꾸로 뛰어내리는 포즈 등 독

창적이고 다양한 자세로 계속하여 뛰어내린다. 어떤 젊은이들은 여러 명이 친구 팔다리를 강제로 들어 바다에 풍덩 떨어뜨리는 장난을 하기도 한다. 젊은이들 또는 거리의 사람들이 자동차나 배가 도착할 때 또는 외국인들을 보면 떼 지어 나타나 아는 척하며, 잠보<sub>Jambo</sub>! 한다. 어떤 때는 길에서 누군가 아는 척하면서 잠보! 하기도 한다. 아프리카어로 안녕? 안녕하세요! 라는 표현이다.

해가 저문 포로다니 가든 광장에는 매일 저녁 씨푸드를 비롯한 야시장이 벌어져 아프리카 로컬 푸드를 맛볼 수 있다. 얇게 편 밀가루 반죽에 다양한 재료들을 올려 구운 잔지바르 피자나 각종 해산물을 꼬치에 꽂아 파는 구운 요리, 군 옥수수, 부침개, 뽈보, 랍스타 사탕수수 주스와 신선한 열대과일 등을 즐길 수 있다. 우리나라 같으면 이 좋은 안주에 여기저기서 술잔을 기울일 만한데, 그런 광경은 보이지 않는다. 이슬람을 믿는 주민이 대부분이어서 섬에서 주류 판매가 제한된다. 맥주는 판매하는데 판매하는 시간과 장소가 정해져 있다고 한다. 먹고 남은 음식을 옆에 있던 젊은이에게 주었더니 '아산테 사나Asante, 감사합니다. Sana, 매우'하고 말한다. 황홀했던 해는 인도양으로 저물고 어디선가 코란 독경소리가 들린다.

# 보석 탄자나이트

오늘은 잔지바르를 떠나 아루샤Arusha로 간다. 아루샤는 탄자니아 아루샤 주의 주도로 킬리만자로산5895m의 남서쪽 80㎞, 메루산4565m 기슭에 위치한 해발 1,350m의 고원도시로 인구 약 6만 명이다. 커피 농장과 목축업을 주 수입원으로 하며, 세렝게티 국립공원, 응고롱고로산, 킬리만자로산을 가기 위해 경유하는 교통도시이다. 가는 방법은 항구에서 페리를 타고 다시 다르에스살람에서 버스로 624km를 가는 방법과 비행기를 타고 한 번에 가는 방법 두 가지다.

비용과 소요시간을 비교하면

① 페리(소요시간 3시간, 35$), 택시+버스(소요시간 12시간, 30$)으로 합 15시간 65$

② 비행기(소요시간 1시간 30분, 65$)

아메이드 아마니 카룸Abeid Amani Karume 국제공항은 시내 가까이 있어 이동

에 편리했다. 이륙은 시간표보다 20분 빨리! 아프리카는 버스나 비행기나 사람이 다 타면 출발한다. 프로펠러 비행기는 33인승으로 버스보다 좌석 수가 적다. 비행시간은 짧아도 간식과 음료수를 서비스한다. 인심 좋게 생수도 병째로 준다. 소형비행기라 비행고도가 낮아 솜털 구름 위를 난다. 인도양을 건너 아프리카대륙으로 간다. 내 마음도 두둥실~ 탄자니아 상공을 날아간다. 세렝게티를 향하여~

아루샤Arusha공항에서 시내까지 택시요금은 정액제로 20$를 지불했다. 인천공항도 이렇게 하면 바가지요금이 없을 텐데. 아루샤는 세렝게티 사파리를 꿈꾸는 여행자들의 교차로이자 해발 1,350m의 고지대에 위치한다. 비행기가 착륙할 때 경비행기 고도에서 2,800여 미터 정도 내려오면 땅에 닿기 때문에 착륙시간이 짧게 느껴진다.

호텔에 짐을 풀고 탄자나이트 보석상 'Tanzanite Experience' 회사를 방문했다. 탄자나이트는 유일하게 탄자니아 아루샤주의 산악지형에서만 생산되는 보석으로 아프리카의 어두운 밤하늘에 빛을 발하는 별보다 더욱 영롱하여, 아프리카의 푸른 별이라고도 불린다고 하는데, 세계 4대 보석 중

하나로 12월의 탄생석이다. 원석에서 추출하여 가공되는 과정을 영상으로 보여주고 실제 가공하는 과정을 직원이 따라다니며 상세하게 설명해준다. 탄자나이트Tanzanite는 삼색성으로 보라색이 보이는 방향과 파란색이 보이는 방향, 적색이 보이는 방향이 서로 다른데 원석을 커팅할 때 광축의 방향을 동일하게 커팅해야 동일한 색상의 고품질 최상품의 보석을 얻을 수 있다. 세계에서 희소한 보석으로 광산을 국유화하여 공급하는데 보석회사 티파니에서 공급권을 얻어, 미국 보석협회AGTA에서 '탄자나이트'라고 이름짓고 12월의 탄생석으로 명명한다. 여행이 끝나고 한국에 와서야 탄자나이트 보석이 그렇게 귀한 보석으로 값이 비싼 줄 알았다. 아루샤에서 콩만 한 탄자나이트를 구입하여 가져오면 비행기 요금이 떨어질 만큼 현지에서의 가격이 저렴하다고 한다.

아프리카에서 버스로 이동 중에 정차하면 아이들이 몰려와 1달러, 1달러 하며 돈을 요구한다. 장사꾼들은 끈질기게 버스 유리창을 두드리고 눈이 마주치기라도 하면 간절한 눈빛으로 물건을 사달라고 한다. 대부분이 조잡한 상품이다. 토산품 시장인 마사이마켓Maasai Market에 들렀다. 3곳으로 나누어져 있는데, 세렝게티 스트리트Serngeti Street, 응고롱고로 스트리트

Ngorongoro Street, 만야라 스트리트Manyara Street 등으로 비슷비슷한 토산품을 판다. 그중 마사이족이 직접 만들었다는 북과 그림 등이 눈길을 끈다. 구슬로 만든 제품들은 판매상들이 직접 구슬을 꿰어 만든다. 울긋불긋한 의상은 원주민에 따라 차가족, 마사이족, 아류샤족, 메루족, 스쿠마족 등 저마다 화려하다.

Fire Road의 Arusha craft Market에서 로터리를 지나 보마길Boma Road에 근사한 Africafe가 있다. Africafe는 동아프리카에서 가장 많이 마시는 커피 브랜드다. 슈퍼마켓 어디에나 있고 큰 캔으로 된 제품도 있다. 남아프리카 게스트하우스와 호텔에서도 인스턴트커피가 비치되어 있었는데 바로 그 커피 회사 체인점으로 식사도 주문할 수 있고 케이크와 빵도 함께 판다.

주로 멋쟁이 현지인이나 외국인들이 손님이다. 커피와 케이크 맛도 훌륭했지만 가게 밖에까지 와이파이가 도달하여, 시내 구경 후 카페에 들어가지 않고도 와이파이를 이용한 정보검색을 해 편리했다.

호텔에 들어오니 정전 중이었다. 정전으로 전화, 에어컨, 와이파이 모두 불통이다. 프런트에 얘기했으나 흔한 일이고 정전 원인은 자기들도 모르나 한두 시간 지나면 전기가 공급될 것이라고 한다. 할 일은 없고 열심히 빨래나 했다.

# 끝없는 초원 세렝게티

아루샤 호텔에 짐을 맡기고 배낭에 간단한 짐을 챙겨 사륜구동 사파리 지프를 타고 세렝게티로 출발했다. 세렝게티는 스와힐리어로 '끝없는 초원Endless plain'이라는 뜻이다. 세렝게티의 초원을 마사이 마라Masai mara라고 부른다. 마사이 마라의 어원은 '점 찍힌 땅'이라는 뜻으로, 하늘에서 내려다보면 마사이 마라 족들이 거주하는 집과 아카시아 나무들이 까만 점으로 보인다고 해서 붙여진 이름이라고도 한다. T5 도로를 80km를 타고 전진하다 Makayuni 갈림길에서 T17 도로 방향으로 왼쪽으로 마냐라 호수Manyara Lake를 지나 100여km를 달리면 응고롱고로 분화구를 조망하는 전망대Wind Gap가 나온다. 고도계를 보니 전망대 높이가 2,300m이다. 분화구가 어찌 넓은지 카메라 앵글에 다 담을 수 없다. 2만 5천 년 전에 1차 화산 폭발로 생긴 분화구가 2차 지각변동으로 함몰되어 지금의 모습을 갖췄다는데 분화구의 평균지름이 16~19km, 둘레는 약 50km라고 한다. 둘레는 400~600m 높이의 산으로 둘러싸였다.

5장 / 탄자니아 연합공화국    175

응고롱고로 분화구 – 둘레 50㎞, 면적 160㎢

　야외에서 점심 중에 독수리가 갑자기 날아와 일행의 도시락에서 닭 다리를 채가 버렸다. 도시락에 다른 먹거리도 있었는데 정확하게 고기를 골라 행동 개시한 독수리의 눈과 공격에 감탄했다. 벼락 맞은 고목에 앉아 식사하던 나는 개미의 습격을 받아 한바탕 소동을 치렀다. 아루샤에서 응고롱고로 보호구역까지는 포장도로지만 그다음부터는 비포장도로로 차량이 심하게 흔들린다. 덜컹거리는 아프리칸 마사지를 받으며 평생 호흡할 흙먼지를 오늘 하루에 들이마신다. 나는 3박 4일 구경으로 끝나지만 운전사와 가이드는 얼마나 많은 흙먼지를 호흡할까? 중간에 비가 내려 자동차

덮개를 덮고 차창을 올려보지만 그래도 완전하게 비를 막을 순 없었다.

드디어 응고롱고로 자연보호구역을 통과하여 세렝게티의 관문인 나비 힐Naabi Hill 게이트를 지나자 도로에 원숭이들이 보이기 시작한다. 매표소를 지나니 비로소 세렝게티에 들어온 게 실감 난다.

세렝게티 국립공원은 탄자니아 최대 국립공원(총면적이 1만 4800㎢)이 자 남아프리카공화국 크루거 국립공원 다음에 이르는 큰 공원으로 다양한 야생동물과 식물이 자생하며, 약 300만 마리의 포유류가 산다. 1981

년 유네스코 세계자연유산으로 지정되었다. 공원 안의 동물들은 12월에서 다음 해 5월 우기 동안에 남동부 평원에서 풀을 뜯고 살다가 우기가 지나면 서쪽의 사바나를 거쳐 북쪽의 '마라'로 알려진 케냐와 탄자니아 국경을 넘어 초원으로 이동하여 생활한 다음, 건기가 끝나고 11월에 다시 남동부 세렝게티로 돌아온다. '세렝게티'는 마사이족어로 '시링기투'라고 불리는데 이는 '끝이 없는 땅'이라는 뜻이다.

8시간을 걸려 세렝게티 공원의 롯지Lodge에 도착하여 야외에 천막을 설치한 숙소에 짐을 풀었다. 숙소에서 식당으로 이동할 경우에도 반드시 직원의 안내를 받아야 한다고 규칙을 알려준다. 식사 준비가 되면 직원이 숙소 앞으로 데리러 올 테니 직원의 안내에 따르라는 말과 함께, 일몰 후의 숙소 밖은 절대 안전하지 않고 위험한 상태라고 주의를 준다. 한밤중이 되자 주위에서 울부짖는 야생동물들의 울음소리가 들린다.

# 비G 두는 다 어디로 갔나?

아침 식사 시간에 식당으로 갈 때 우리를 데리러 온 직원이 텐트 입구의 짐승 배설물을 보고 기린이 다녀갔다고 알려준다. 기린의 배설물은 악취가 많이 난다는데 가까이 있는데도 별 냄새를 느끼지 못했다. 기린의 냄새는 스컹크처럼 고약해서 200여 미터 밖에서도 사람이 냄새를 맡을 만큼 강력하다고 한다. 대변 특유의 냄새인 인돌indole이란 질소화합물에서 나는 냄새인데 피부에 붙어사는 미생물과 세균을 퇴치하는 역할을 한다고 한다. 대변에는 크레오소트라는 성분도 있는데, 크레오소트는 철도 침목의 방부제로 쓰이는 것이기도 하다. 이번 여행에 상비약으로 가져온 정장제整腸劑 정로환에도 포함된 성분으로 기린의 피를 빨아먹는 기생충을 퇴치한다. 우리한테 위장약으로 알려진 정로환은 일본에서 러일전쟁 무렵에 개발된 지사제로 주성분은 목초액에 든 살균, 진통성분인 크레오소트wood-tar creosote인데 원래의 명칭은 '크레오소트정'이었다. 본래 전장에서 가장 위험한 질병의 하나였던 티푸스 예방목적으로 생산되었다고 한다. 정로환

의 등장 배경에 또 다른 설명으로는 러일전쟁 당시 관동군이 배앓이와 설사로 인한 극심한 병력손실로 원인을 조사 중 나쁜 수질에 의한 설사 치료제로 개발한 약으로 병을 치료하고 러시아를 정벌하는 약이라는 의미를 담아 '정로환征露丸'이라는 이름을 지었다고 한다. 그리고 일제 강점기를 거치면서 한국과 대만에도 퍼졌는데, 제2차 세계 대전 이후 일본에 주둔하던 연합국 최고사령부GHQ: General Headquarters에 의해 명칭이 '정로환正露丸'으로 바뀌게 된다. 고약한 냄새가 나는 크레오소트 성분인 정로환을 집에 두면 크레오소트 냄새로 바퀴벌레를 쫓는 효과를 얻고, 초파리를 쫓을 수 있다.

요즘에는 정로환의 성분인 크레오소트의 유해성 논란으로 외국에서는 오래전부터 인체에는 쓰지 않는 물질로서 미국의 경우 발암물질, 나무방부제로 규정하여 절대 먹지 말아야 할 물질이라고 한다. 아프리카 원주민들은 기린 배설물의 끔찍한 악취로 포식자인 사자를 쫓는 역할까지도 한다. 그렇지만 배변의 악취는 암컷 기린을 유혹하는 데 쓰인다고 한다. 기린의 악취는 건강과 목숨도 지키고 사랑도 찾는 1석 3조의 악취인 셈이다.

특이하게도 기린은 동성애를 하는 포유류로 알려졌는데 한 연구에서 관측된 성행위 중 94%가 수컷과 수컷 사이에서 이루어졌고, 1%의 경우 암컷과 암컷 사이에서 이루어졌다고 한다. 또한 한 해 동안 관찰된 기린 커플 중 17

쌍이 동성커플이고 1쌍 만이 이성커플이었다고 한다. 이렇게 이성끼리 사랑이 어려워서 그런지 기린의 개체 수가 줄어들어, 숫자는 코끼리보다 적고 멸종 취약종으로 지정되었다. 다른 동물들이 닿지 못하는 나무 꼭대기의 가시 돋친 잎을 40㎝가 넘는 긴 혀로 매일 70㎏의 먹이를 먹는다. 세상에서 가장 키 큰 포유류인 기린은 사바나의 마천루이다. 다 자란 기린은 키 5.4m에 몸무게가 2,000㎏까지 성장하지만 평원에서 가장 우아한 동물로 꼽힌다. 기린의 포식자는 사자밖에 없지만, 사바나의 우아한 발레리나인 기린이 민첩하게 발길질을 하면, 동물의 왕인 사자도 쉽게 나가떨어진다.

드디어 오늘 자동차를 타고 게임 드라이브<sub>Game Drive</sub>에 나선다. 사륜구동 자동차를 타고 야생동물을 찾아다니는 '사파리'는 스와힐리어로 '여행'이라고 한다.

맨 먼저 나타난 동물은 와일드 비스트Wildebeest, 검은 꼬리누와 얼룩말이다. 와일드 비스트는 얼룩말과 함께 무리 지어 사는데 소처럼 생겼으며 말처럼 갈기와 꼬리에 긴 솜털이 있어서 뿔말이라는 이름이 붙었다. 암수 모두 뿔이 있는 짙은 푸른빛을 띤 어두운 회색으로 양쪽에서 등으로 이어지는 곳에 줄무늬가 있고, 흰 턱수염과 검은 꼬리가 특징이다. 20km밖에 있는 물 냄새를 맡을 수 있어 물 냄새를 못 맡는 얼룩말 무리가 함께 따라다니며 이동을 하는데 여러해살이풀 중에서 키가 큰 풀을 먹는다고 한다. 떼를 지어 나타난 Dik Dik은 작은 영양으로 먹이사슬에서 하위그룹에 속해 맹수들의 '밥'이라고 한다. 커크딕딕이라고 하는데 겁이 많고 수줍음이 많아 깜짝 놀라면 지그재그로 껑충껑충 뛰는데 이것을 'zik zik'또는 'dik dik'이라고 하며 이러한 행동특성에서 이름을 따왔다.

얼룩말과 멋진 뿔을 가진 버펄로가 떼 지어 나타난다. 긴 다리의 멋진 걸음과 늘씬한 몸매, 하얀 얼굴에 눈 주변의 피부는 붉은색이고, 회색 깃털 바탕에 검은 날개와 긴 꼬리, 오렌지색이 도는 아름다운 머리장식을 보여주는 비서새Secretary bird는 이름과 달리 맹독을 품은 뱀 등을 사냥하는 새라고 한다. 2m 가까운 날개를 가졌긴 하지만 나무 위 둥지에 오를 때만 날개를 사용한다고 한다. 비서새라고 하는 것은 뱀잡이 수리가 머리 뒤 깃

버펄로

엉덩이에 맥도날드
M자 문양이 선명한
임팔라

을 세우고 풀밭을 뛰어다닐 때의 모습이 마치 (옛)비서가 머리에 펜을 꽂고 다니는 모습을 닮았다 하여 붙여진 이름이라고 한다. 깃털이 멋져 펜대에 꽂아 장식용으로 사용했다고 한다. 비서새는 남아공과 수단을 상징하는 문장이라고 한다.

수많은 임팔라는 어떤 그룹은 수컷만 수십 마리이고, 어떤 그룹은 수컷 한 마리에 암컷만 수십 마리가 풀을 뜯는다. 아이러니한 것은, 수많은 암컷과 함께인 지배권을 가진 수컷은 암컷들을 보호하느라 잘 먹지 못해서 점점 힘이 쇠약해지고, 반면 여러 마리 수컷 중에서 힘센 수컷은 기회를 노려 많은 암컷을 차지한 지배수컷에 도전하여 승리하고 많은 암컷들을 차지한다고 한다. 하지만 이 수컷 또한 오래 버티지 못하고 그만 다른 수컷에 암컷의 지배자 자리를 넘겨준다고 한다. 이런 일이 반복된다. 짝짓기 철에 수컷은 크게 꿀꿀거리는 소리를 내고, 새끼들은 염소처럼 소리를 내며, 위험이 닥칠 경우에는 크게 콧방귀 소리를 내며 달아난다. 임팔라는 뒤에서 보면 검은 털이 다리와 엉덩이에 M자 모양으로 나 있다. 염소보다 큰 토피Topi는 다말리쿠스Damaliscus라고도 하는데 소목 소과에 속하는 영양의 하나이다. 일명 사사비류 또는 사사비sassabies로도 불린다.

세렝게티의 평원이 어찌 넓은지 한쪽에서는 구름이 몰려오고 비가 내리고, 반면 다른 방향에서는 쨍쨍 햇살이 비추고 어떤 곳은 모래바람이 회오리쳐 하늘로 솟구친다.

세렝게티 초원에서 사파리를 하며, 상근 정규직인 빅 5(Big, 코끼리, 코뿔소, 사자, 표범, 버펄로)를 기대했는데, 정작 이들은 보이지 않고 비상근 계약직인 얼룩말, 소, 영양, 하이에나, 자칼 등 작은 동물만 보인다. 임팔라, 얼룩말, 와일드비스트 등 동물이 이동하는 시기로 사자와 표범들도 함께 먹이를 찾아 떠나 안 보이나 싶어 실망할 때, 목덜미에 피가 묻은 하이에나가 나타났다. 가이드가 가리키는 초원을 보니 핏자국이 선명하다. 표범이나 사자가 방금 식사하고 하이에나는 말끔하게 뒷정리를 한 것이다. 아~ 날은 어두워지고 기대했던 소득은 별로이다. 빅 5는 다 어디로 갔나! 무심한 세렝게티여!

세렝게티에는 끝없이 펼쳐진 초원 위에 코끼리·기린·표범·사자·코뿔소·하마 등 야생동물들이 시글시글하여 자동차에 타고 앉아 있으면 온갖 동물들이 내 앞을 지나며 잠보(안녕하십니까)! 저는 참가번호 #번 코끼리입니다! 잠보(안녕하세요)! 저는 참가번호 @번 사자입니다. 저는…, 저는… 할 줄 알았는데, 반대로 넓디넓은 세렝게티 초원의 동물들을 찾아다니면서 여기 기웃, 저기 기웃하고 있다. 가젤·영양·얼룩말·누 등의 초식동물이 마르지 않는 물웅덩이를 찾아 떼를 지어 이동하고 그 뒤를 포식자인 사자·자칼·하이에나 등이 쫓으며 이동하는 모습을 기대했지만 웅장한 자연 속에 띄엄띄엄 나타나는 포식자를 찾아다닌다. 저 멀리 지평선 너머로 저무는 붉은빛의 석양은 마치 자연의 천국이 눈앞에 펼쳐진 것 같은 기분을 선사한다. 이렇게 원하는 빅 5를 보지 못한다면 과천의 대공원에 가서 보충수업을 할 수밖에 없다.

성질이 급한 내 생각에는 저만큼 초원의 숲 속에 더 가까이 가면 동물들이 많을 것 같은데 숲과 떨어진 길 같지 않은 길로만 차를 몰고 간다. 아 이런~ 아쉽다.

내가 세렝게티 국립공원을 관리하는 책임자라면 사파리어에게 스펙터클한 장면을 볼 수 있도록 영화 〈쥬라기 월드〉에 등장하는 공룡의 위협까지 느끼게 하던, 사방이 특수한 유리로 제작되고 테마파크 어디든 자유롭게 이동이 가능한 하이브리드 자이로스페어를 직접 조종하게 했을 것이다.

가이드가 길을 고집하는 이유는 길을 조금만 벗어날 경우에도 초원에 바퀴 자국이 남아 과태료를 내야 하기 때문이라고 한다. 아울러 일몰 후에는 사파리 차량을 운행할 수 없고, 자동차 라이트도 켜서는 안 된다고. 야생동물의 생활을 가능한 방해하지 않기 위한 것이라고 한다.

# 한밤중 버펄로의 텐트 습격

일출을 보기 위해 새벽 동틀 무렵 숙소를 출발했다. 어젯밤 큰 울음소리가 들렸었다. 낯선 울음소리가 무섭기도 하고 궁금했었다. 가이드에 물었더니 자기도 숙소에서 들었는데 어젯밤 울음소리는 사자 울음소리였다고 한다. 사자 울음소리가 큰 이유는 사자에는 혀 안쪽 끝에 뼈가 있어 볼을 팽창시킨 상태에서 울면서 입을 오므리면 입안이 공명 상태가 되면서 크고 굵은 울음소리가 난다고 한다.

롯지 입구에서부터 하이에나가 계속 나타난다. 사자가 사냥할 때쯤이면 청소부 하이에나가 나타날 확률이 높은데 아니나 다를까 도로에 사자 가족이 나타났다. 도로를 어슬렁거리며 암사자와 새끼가 걷고 숲에선 수사자가 위엄을 보인다. 수사자 2마리 포함, 사자 가족 7마리가 길을 걷는다. 해돋이 보러 가는 길에 사자가 나타나 이를 구경하느라 해돋이는 놓쳐버리고 말았다. 하늘에 조각배 같은 무지개가 두둥실 떠 있다. 오! 좋은 소식이 있으려나? 이어 코끼리떼도 나타나고 아카시아 잎을 따먹어 우산나무

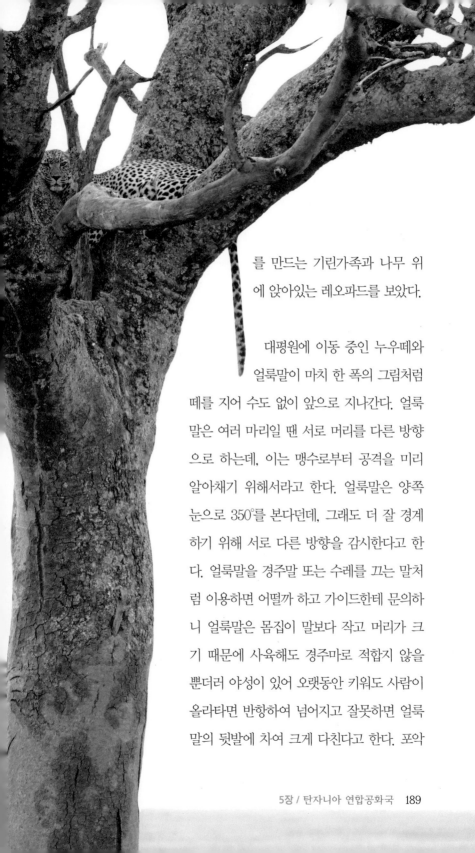

를 만드는 기린가족과 나무 위
에 앉아있는 레오파드를 보았다.

대평원에 이동 중인 누우떼와
얼룩말이 마치 한 폭의 그림처럼
떼를 지어 수도 없이 앞으로 지나간다. 얼룩
말은 여러 마리일 땐 서로 머리를 다른 방향
으로 하는데, 이는 맹수로부터 공격을 미리
알아채기 위해서라고 한다. 얼룩말은 양쪽
눈으로 350°를 본다던데, 그래도 더 잘 경계
하기 위해 서로 다른 방향을 감시한다고 한
다. 얼룩말을 경주말 또는 수레를 끄는 말처
럼 이용하면 어떨까 하고 가이드한테 문의하
니 얼룩말은 몸집이 말보다 작고 머리가 크
기 때문에 사육해도 경주마로 적합지 않을
뿐더러 야성이 있어 오랫동안 키워도 사람이
올라타면 반항하여 넘어지고 잘못하면 얼룩
말의 뒷발에 차여 크게 다친다고 한다. 포악

한 성격의 얼룩말을 길들이려는 시도는 많았지만 순종하지 않고 사람을 발로 차고 공격하는 사유로 가축화가 안 되었다고 한다.

초원에서 감동적인 장면을 목격했다. 비스트 수백 마리가 이동하는 장면을 사자가 노려보며 사냥기회를 엿보고 있었다. 이때 사자 앞에 무모하게 한 마리 비스트가 나타났다. 당당하게 사자와 맞서 이리저리 사자의 눈길을 끌며 시간을 보낸다. 사자는 공격을 할까 말까 망설이는 듯하고, 이렇게 시간이 지나는 동안 비스트 무리는 사자의 공격 거리에서 벗어났다. 순간! 사자의 먹이를 자처했던 용감한 비스트는 무리를 향하여 달아나고 사자는 뒤쫓는 것을 포기하고 말았다. 동료들을 위해 목숨의 위험을 감수한 비스트를 바로 앞에서 보았다. 몸을 전율케 하는 감동의 순간이었다.

냇가에는 하마들이 득실하고, 가젤보다 털 색깔이 진한 워터벅, 하이에나와 표범, 짝짓기하는 코뿔소도 보았다. 어제는 그렇게 찾아다녀도 나타나지 않았던 빅 5가 순식간에 나타났다. 목표를 달성했다고 기뻐하며 응고롱고로 분화구로 이동하는 길옆, 바위에 올라있는 사자무리가 보인다. 수사자는 바위에 엎드렸는지 암사자 10여 마리가 보인다.

사자는 프라이드Pride라는 무리를 이루는데, 주로 수사자 1~3마리와 암사자 10마리 안팎으로 구성된다. 새끼들은 성숙하면 무리에서 벗어나 다른 무리에 섞이는데 성숙하기 전 또래들과 작은 공동체를 이루어 생활하면서 자기를 받아줄 프라이드를 물색한다고 한다. 이때 암컷은 대부분 별저항 없이 받아들여지지만 수컷은 기존 우두머리 수컷을 제압해야 한다. 수사자 중 장성하여 프라이드를 얻고 암컷을 거느리는 개체는 전체의 5% 안팎이라고 한다. 권불십년이라고 호시탐탐 다른 수컷들이 프라이드를 노려 도전하는데 아무리 힘세고 덩치 큰 수컷이라도 프라이드를 지키는 기간은 길어봤자 5년을 넘지 못한다고 한다. 비극적인 일은 새로운 수사자가 프라이드를 장악하면 제일 먼저 하는 일이 기존 프라이드의 왕인 수사자의 새끼를 다 죽이는 것이라고 한다. 새끼가 죽은 암사자는 얼마 후 발정기가 찾아오고, 수사자에겐 자손을 번식할 기회가 오는 것이다. 새로운 통치자가 동물의 왕에 올랐을 때, 바위의 꼭대기에 올라 포효한다는 멋진 바위! 프라이드 락<sub>Pride Rock</sub>! 그제, 어제 보지 못했던 동물들을 오늘 보고 또 봤다. 대공원 동물원에서 보충수업 받지 않아도 되게 되었다.

세렝게티 평원에 이처럼 동물의 천국인 생태계의 틀을 만든 것은 3천 년 전 신석기 시대 유목민들의 유산이라고 한다. 2018년 8월 30일 과학저널 〈네이처〉에 실린 논문에서 연구자들은 당시의 열대 아프리카의 토양은 일반적으로 영양 결핍 상태로 사바나에는 키 작은 나무와 덤불이 듬성듬성 났고 대부분 토양이 드러난 헐벗은 모습이었다고 한다. 그러나 유목민 집단이 소·염소·양을 초원에 방목했다가 밤이 되면 포식자와 도둑을 피해 가축을 울타리에 몰아넣었다가 아침이면 다시 풀어놓는 일을 다른 장소로 이동할 때까지 되풀이했다고 한다. 이 기간에 울타리 안에는 가축의 배설물이 쌓였다. 가축 배설물은 분해돼 최고 30cm 두께의 잿빛 퇴적토를 형성했다. 신석기 유목민이 떠난 뒤에 가축을 가두었던 비옥한 지역에는 다양한 풀이 번성했고 이를 먹으려는 초식동물과 이를 노리는 육식 동물 또는 다른 유목인의 가축이 찾아와 토양을 더욱 기름지게 했다. 이제까지 사바나에 비옥한 지역을 형성하는 요인으로는 산불, 흰개미 집, 화산재 등이 꼽혔다. 그러나 이런 상태의 식생은 단조롭고 생태계의 회복 탄력성도 적은 데 비해 유목민의 유산인 가축을 가둔 울타리 내부의 땅은 영양분이 풍부하여 우기에 풀이 빠르게 자라고 풍부한 미네랄은 초식동물의 대규모 이동 경로를 결정할 수 있었다고 한다. 이런 현상은 아프리카 동부 말고도 지중해 동부 연안의 건조지대, 중앙아시아와 남아메리카의 고지대 초원도 마찬가지라 선사시대 유목민 덕분에 초원 생태계가 기름져졌다고 한다.

응고롱고로에 가는 길에 마사이족 마을을 방문했다. 마사이족 마을 대표자인 듯한 사람이 다가와 소바<sub>안녕하세요</sub>! 하며 인사한다. 방문한 우리를 환영한다고 마사이마을 주민들이 전통 노래를 부르고 점핑 춤인 아두무<sub>Adumu</sub>를 추며 함께 사진을 찍자고 한다. 옆으로 일렬로 늘어선 민머리의 까까머리 마사이족 여인들이 화려한 전통 의상 슈카<sub>Shuka</sub>를 두르고 귀를 뚫어 응꼬토우(장신구)를 하고 목에는 목걸이(오르가다마)를 걸고 환영의 노래(알레 할레~ 알레 할레~)를 반복하며 상체를 흔들면서 춤을 춘다.

마사이족Maasai은 케냐와 탄자니아 국경지대와 킬리만자로산 주변 등 초원의 고산지대에 거주한다. 양과 소를 목축하며 토속신앙과 원시사회의 전통을 고수하며 살아가는 부족이다. 케냐에 약 25만 명, 탄자니아에 약 10만 명이 사는 것으로 여겨진다고 한다. 이들은 목축하면서도 가축을 신성시하기 때문에 양과 소를 일부러 죽여 잡아먹지 않고 다만, 자연사하거나 병에 걸려 죽은 가축의 고기를 먹는다. 마사이족 소년들은 12세가 넘으면 할례로 성인식을 하는데 병사촌에 들어가 집단 훈련과 야생동물을 잡는 방법과 가축을 기르는 방법, 마사이 전통 문화를 배운다. 이렇게 합숙훈련이 끝나면 마사이 부족을 지키는 모란, 즉 전사가 된다.

마사이족 남자들은 삐쩍 마른 체구에 180㎝쯤 되어 보이는 큰 키, 새까만 얼굴에 새하얀 치아, 형형 색깔로 만들어진 목걸이와 귀걸이, 길고 얇은 전통지팡이 에시아래(운구디라고도 한다)를 들고 위로 폴짝폴짝 뛰는 점핑 춤을 춘다. 여자 마사이족 또한 화려한 장신구와 구슬로 만든 넓은 목걸이와 귀걸이 차림이다. 우리를 환영한다는 어깨춤을 추며, 목에 찬 넓고 동그란 구슬 목걸이를 걸어주며 함께 환영노래를 불러준다. 마사이족들의 퍼포먼스는 공짜가 아니다. 나한테도 운구디를 쥐여주며 함께 춤을 추자고 했다. 방문하는 관광객은 마을진흥기금이란 명목의 돈을 내야 한다. 모든 게 상업화되었다. 동원되는 어린이와 여자들이 불쌍하기만 하다.

마사이족들의 남자는 광대뼈와 턱뼈가 돌출된 얼굴, 마른 허벅지와 무릎에 길고 곧은 근육질 다리의 큰 키에 비단결처럼 매끄럽고 반짝거리는 검은 피부, 군살이라고는 찾아볼 수 없는 몸매에 붉은 장식을 한 화려한 모습으로 어른이든 아이든 손에 남자들의 상징인 막대기를 들고 꼿꼿하게 걸으며 넓은 평원을 다니는데, 이 나무지팡이 운구디는 맹수로부터 몸을 보호하는 호신용이기도 하고, 평상시에는 염소를 모는 도구로 쓰인다고 한다. 마을 족장은 부인이 15명이라고 한다. 마사이 풍습은 결혼할 때 신 랑 될 남자는 신부 집에 소를 선물한다고 한다. 이렇게 귀한 소를 주고 얻 은 신부이기에 시집온 부인은 집안의 모든 일을 해야만 한다고 한다. 그렇 기에 일단 결혼하면 여인의 가치는 미모가 아닌 노동력이라고 한다. 부부 가 낳은 아이는 마을 공동체에서 함께 기른다고 한다.

남자는 사냥을 하며, 다른 부족과 분쟁이 있을 때는 싸움을 하고, 가축 을 돌보는 일 외에는 놀기만 한다니, 수사자처럼 부인 여럿을 거느리면서 빈둥빈둥하는 것 같다. 세상의 모든 부족 중에 길들일 수 없는 부족이 있 다는데 그게 바로 마사이 부족의 남자들이라 한다.

마사이족은 노예가 된 적이 한 번도 없다고 한다. 그들을 노예로 만들 수 없으며, 감옥에 가둘 수도 없다고 한다. 마사이족들을 감옥에 가두면 이유 없이 시름시름 앓다가 석 달 안에 사망하는 변고가 생겨 영국의 식 민지 당시에 마사이족에게는 투옥 대신 벌금형을 내렸다고 한다. 싸울 때 도 조직적이고 싸움을 잘해서 상대가 죽거나 내가 죽어야 하는 부족으로 마사이족들에게는 내일과 미래라는 개념이 없어 감옥에 가두면서 '어느 일 정 기간 후에 다시 나갈 거야'라고 말해줘도 이해하지 못한다고 한다. 당 장의 자유가 없으면 살 가치도 없다고 생각하는 그들에게는 지금 이 순간 만이 있을 뿐이다. 탄자니아 정부에서 마사이족들의 주거환경을 개선하고 유목생활 방식을 정착 생활로 바꾸고자 무료로 개량주택을 지어주었으나

기존생활이 편하다고, 지어준 개량주택을 가축우리로 사용하고 전통부족의 삶을 고집한다고 한다. 또한 마사이족 남자들은 어린 소녀들을 강제로 할례 시켜, 아예 사랑의 즐거움을 느끼지 못하게 하고, 수많은 여인을 거느리며 노동력을 착취한다고 한다. 아~ 불쌍한 마사이족 여인들이여!

마사이 전통가옥을 '보마'라고 하는데, 나뭇가지를 엮어 쇠똥과 진흙을

섞어 벽을 만들고, 나뭇가지를 엮은 서까래 위에 풀잎을 올려 집을 만들었다. 문은 있지만 문짝은 아예 없다. 에스키모의 이글루처럼 둥그런 흙집에 4명이 살고있다. 이들에게 소는 귀한 동물로 부를 나타낸다. 주식인 우유를 얻고, 배설물인 똥은 건기에 말려 우기에 땔감으로 쓰기도 하고, 집을 지을 때 쇠똥을 섞어 지으면 벌레도 꺼릴 뿐 아니라, 맹수들도 많은 소떼가 있는 것으로 착각하여 공격하지 않는다고 한다. 문간이 낮아서 머리를 구부리고 들어가야 했다. 좁은 집 맨 위에는 손바닥만 한 구멍이 뚫려있고, 집 내부는 일어설 수 없을 정도로 낮고 깜깜하다. 부뚜막 아궁이 불씨를 입으로 후후~ 불어 음식을 준비한다. 작은 오두막 보마 내부는 아궁이에서 피어오르는 매캐한 연기로 가득하여 숨쉬기가 어렵고 눈이 따끔거렸다. 침대는 나무를 엮은 위에 짐승 가죽을 걸쳐놓았다.

보마가 조성된 마을 중앙광장에서 수공예품인 장신구를 판다. 우리를 보마에 안내했던 족장이 수공예품 구입을 권유하여 마땅한 게 없어 다른 물건에 관심을 갖고 보고 있으니, 족장은 방문한 보마집에서 만든 물건을 구입해야만 한다고 한다. 어차피 마사이족들은 공동체 생활을 한다는데, 꼭 방문했던 집 앞에 진열한 물건을 살 것을 고집한다.

마을 뒤의 헛간 같은 곳에서 아이들이 목소리를 높여 합창하는 듯한 소리가 난다. 가까이 다가가니 컴컴한 움막에서 30여 명의 아이들이 소리 높여 뭔가를 외운다. 학교인데 교실이라고 하기에는 너무 열악하다. 교사인 듯한 사람이 학생들과 사진 찍기를 권유하고는 도네이션을 권유한다. 기부금을 통에 넣으려고 하니 선생님이 직접 자기에게 주십사 한다. 어린 학생들을 내세워 돈벌이하는 것이다.

응고롱고로 분화구 내에 있는 캠프에 도착했는데 비가 내리고 바람이 심하게 분다. 밤 열두 시 경 전깃불도 없는 눅눅한 텐트 안에서 빗소리에 잠 못 들고 뒤척이는데 무슨 심상치 않은 소리가 나 비바람이 심해 그런가? 하며 불안해하였는데 갑자기 텐트가 통째로 움직이며 찌그러졌다. 순간 공포감이 밀려오며 나도 모르게 큰소리를 질렀다! 텐트에 굵은 지퍼가 이중으로 잠겨 쉽게 텐트 밖으로 튀어나갈 수 없었다. 어둠 속에서 어렵게 밖으로 나와 보니 텐트 앞 출입구의 가이로프Guy Rope와 사이드 패널은 나뒹굴고, 텐트 뒤를 지지하는 폴Pole은 부서지고, 땅에 꽂혀 텐트를 지지하는 팩peg은 뽑혀 어둠에 보이지 않는다. 경비원이 총을 들고 달려오고 주위 텐트 속의 사람들이 잠을 자다 깨어 몰려나왔다. 주위를 살피니 10여 마리의 버펄로 눈이 랜턴 불빛에 반사되어 무섭게 반짝거렸다. 한밤중에 버펄로의 습격으로 한숨을 쓸어내렸다. 텐트가 30여 동 있었는데 우리 텐트가 숲에서 가까운 가장자리였다. 아프리카에서 버펄로에 희생당하는 사람이 1년에 200여 명이라고 한다. 수컷은 몸길이가 최대 3m가 넘고 몸무게는 1톤 이상으로 갈고리 모양의 뿔은 매우 강해 버펄로를 사냥하려던 사자도 뿔에 받혀 종종 죽기도 한다. 야행성인 버펄로는 해 질 녘이면 초원

으로 나와 풀을 뜯기 시작한다. 소는 가혹한 아프리카 기후에 적응하지 못하고 인간의 보살핌이 있어야 생존하는 반면, 버펄로는 생존을 위해 엄청난 양의 풀을 먹어야 하는데, 강한 이빨과 유연한 혀 덕분에 다른 동물들이 씹거나 소화하지 못하는 길고 질긴 풀을 먹을 수 있다. 버펄로는 무리 지어 이동할 때 맨 뒤에서 달리는 버펄로 속도에 맞추어 무리 전체가 움직인다고 한다. 무서움에 한숨도 자지 못하고 5시 30분 기상하여 식사후 응고롱고로 분화구로 사파리 투어에 나섰다. 밤새 비가 내려 주위 숲이 초록 초록하다.

우리가 야영한 지점은 Simba A에 위치한 퍼블릭 캠프사이트였다. 위로 1km 가량 떨어진 Simba B에 위치한 캠프는 Special Campsite로 야영이 아닌 롯지시설 구역이며, 야생동물로부터 안전이 보장되는 숙소로 좋아 보였다. 물론 시설사용료가 더 비쌌겠지만.

# 응고로고로에서 BIG 5를 만나다

높이 2,300m 정상에서 분화구 응고롱고로 속으로 내려가는 길Seneto Descent Rd은 꼬불꼬불하기도 하려니와 경사도가 심한 편도 길이다. 숙련된 운전사와 사륜구동차량이 아니라면 위험한 길이다. 지구에서 가장 큰 분화구 응고롱고로NCA는 600여 미터 높이의 산으로 병풍 같이 둘러싸여 동물들이 밖에서 들어오기도 어렵고 분화구 안에서 밖으로 나가기도 쉽지 않아 소수동물들은 근친교배로 인한 생태계가 계속 유지된다면 멸종될 수도 있다고 한다. 이곳 동물들은 여기서 태어나 분화구에서 한 번 벗어나지 못하고 그 안에서만 살다가 죽는다고 한다.

'응고롱고로' 뜻은 마사이족이 소의 목에 방울을 달았는데 풀을 뜯는 소의 방울에서 나는 소리가 '응고롱고롱'하는 소리로 들린다고 하여 지어졌다. 우리말로 워낭소리라는 뜻과 같다. 원래는 킬리만자로보다 높은 산이 있었는데 지각변동으로 산 정상이 꺼져 큰 분화구 같은 형태를 이루었다고 한다. 화산 폭발 시 바람 방향이 세렝게티 쪽인 서쪽으로 불어와 화산재

가 쌓인 서쪽 부근 땅에는 식물이 뿌리 내리기가 어렵다고 한다. 분화구에 융기된 부분이 당시 꼭대기였을 것이라고 한다.

분화구 내부는 소금기가 있는 바닷물과 담수호가 다 있어, 바다 생물과 민물에서 살아가는 어종 등 육지임에도 불구하고 모든 생물이 다 살아 완벽한 생태계를 이룬다고 한다. 분화구 내에 마사이족이 거주하였으나 정부에서 생태계 보호를 이유로 주민들을 모두 이주시켜 지금은 사람이 거주하지 않는다고 한다. 불가사의한 큰 구멍 '응고롱고로'이다. 응고롱고로는 마사이어로 '큰 구멍'이란 뜻도 있다.

짝짓기하는 코뿔소도 보이고 데이트하는 사자들도 보인다. 코뿔소는 짝짓거나 새끼를 키울 때를 제외하면 홀로 사는 습성이 있다. 좀처럼 영역 밖으로 나가지 않는 습관을 지닌 동물로 포획자들은 이를 이용하여 코뿔소를 사냥한다. 코뿔소의 뿔이 일부 문화권에서 만병통치약이나 최음제로 쓰이기 때문에 생존이 위험해진 종이 되었다. 응고롱고로를 가로지르는 강에서는 수십 마리의 하마들이 진흙목욕을 하기도 하고, 버펄로는 멋진 뿔을 한껏 뽐낸다. 분화구 내에는 예쁜 학crane, 기러기wild goose, 대장장이가 일하는 소리를 낸다는 새 블랙스미스Blacksmith, 커다란 부리의 새 마라브스

톡Marabou Stork, 톰슨가젤과 조금 큰 토피가젤, 와일드 비스트, 독수리, 멧돼지인 왈트호그 등 동물의 왕국이다. 얼룩말 한 마리가 바위로 다가 와 바위에 몸을 비비며 빙글빙글 돈다. 몸이 가려워 문지르는 것은 아닌지. 가이드인 킨두Kindo가 얼룩말 색상은 원래 어떤 색이었을까 하고 묻는다. 하얀색 바탕에 검은 무늬를 더한 것일까? 검은색 바탕에 하얀 무늬를 더한 것일까? 얼룩말은 원래 얼룩말 아닐까? 날 때부터!

　얼룩말은 태생에서는 검은색이었다가 성장 과정에서 흰색 줄무늬가 나타난다고 한다. 그래서 얼룩말은 검은 바탕에 흰색 줄무늬다. 얼룩말의 무늬는 사람의 지문처럼 특이하고 저마다 달라 같은 줄무늬를 가진 얼룩말은 없다고 한다. 얼룩말은 우리가 생각하는 경주마에 비해 덩치는 작고 배부분이 통통하다. 수컷은 여러 암컷과 짝짓기하고, 암컷들 사이에는 짝짓기한 순서대로 서열이 생긴다. 무리가 초지나 웅덩이를 옮길 때는 이 서열을 따른다. 얼룩말은 최고의 연장자부터 갓 태어난 새끼까지 독특한 줄무늬로 가족을 알아본다. 얼룩말의 무늬가 포식자의 눈에 혼동을 준다는 인식이 있는데, 무늬의 크고 작음보다 오히려 색깔이 옅을수록 다른 동물의 먹잇감이 되지 않는다고 한다. 검은색과 흰색의 줄무늬는 기후에 따른

진화로 온도가 높은 지역에 서식하는 얼룩말일수록 무늬패턴은 줄무늬가 더욱 많고 짙은 얼룩을 가진다고 한다. 이 줄무늬가 일종의 에어컨 역할을 해주면서 얼룩말의 체온이 태양으로부터 지나치게 높아지는 것을 방지한 다고 한다.

응고롱고로 사파리를 마치고 다시 분화구에서 오르막길 산을 오른다. 가파른 산길인 일방통행의 길에서 렌터카를 운전한다면 자신 없을 만큼 위험하다고 느꼈다. 돌아오는 도로변에 막대기를 들고 얼굴에 하얀 페인트 칠을 하고 까만 복장을 한 마사이족들이 보인다. 이들은 성인식을 한 소년 들로(마사이족 소년들의 성인식은 보통 나흘 동안 진행되는데 아무런 마 취나 의료도구 없이 할례를 한다) 포경 수술 후 이렇게 3년을 지내면 성인 대우를 받는다고 한다.

세렝게티와 응고롱고로 두 곳 모두에서 빅 5를 본 것은 행운이었다. 아 루샤로 돌아오는 길, 마사이족들이 냇가에서 한 빨래를 나무에 형형색색 말리는 광경이 장관을 이룬다.

　여행 중 처음으로 숙소를 도미토리에 정했다. 6명이 정원인 방에 독일인 4명이 투숙하고 있었다. 여행지 어디를 가나 독일인들을 쉽게 만난다. 여행과 모험을 좋아해서인지 아니면 여행을 할 수 있으리만큼 풍요로워서 그런지 모르겠지만, 세계 곳곳에서 고른 연령대의 독일인들을 본다. 아프리카를 탐험 중인 이들은 한 달이 되었다고 하는데, 한국에서 왔다고 하니 "감사합니다." 하고 인사한다. 대뜸 한국은 요즘 왜 시끄러우냐고 묻는다. 자기는 동독 출신(25살)인데 지금은 서독에서 산다면서 통일 전 서독사람들이 동독을 도와줘 같은 게르만민족으로 감사하게 여긴다고 한다. 전부 아니면 없다All or nothing는 사고는 양보를 어렵게 한다고 훈수한다. 새겨들을 말이다.

　도미토리에서 숙박하는 젊은이들은 대부분 2층 침대 위, 아래에서 따로따로 자는 것을 보지 못했다. 비좁은 작은 침대에서 남자와 여자가 딱 붙어 잔다.

# 차가족의 커피 농장

모시Tanzania Moshi에 가기 위해 버스터미널로 향했다. 거리에 유니폼을 입은 사람들이 많다. 여자들은 원피스 차림이고, 남자들은 같은 디자인의 상의를 입었다. 일요일 교회에 가는 차림인데 특이하게도 성가대 복장을 하고 거리를 걷는다.

아루샤 공용버스터미널에 도착하자 버스 차장들이 서로 자기의 버스를 타라고 몰려들어 가방을 낚아챈다. 버스 주변의 사진을 찍었더니 누군가 다가와 사진 찍었으니 돈을 달라고 손가락으로 동그라미를 그리며 포토, 포토! 한다. 당신을 찍은 것도 아니고 버스를 찍었는데, 무슨 돈을 달라고 하느냐며 못 준다고 실랑이를 하는데 그들 일행 중 한 사람이 다가와 조크joke라고 한다. 정말 조크였는지 아니면 말고 인지~

Moshi까지 75km, 약 2시간 걸리는데 요금이 1.5$이다. 너무 싼 요금이다. 모시는 탄자니아의 끝 킬리만자로를 가기 위함이다. 탄자니아도 다른

아프리카 버스와 마찬가지로 버스 출발시각이 정해진 게 아니라 좌석에 승객이 차야 떠나는 시스템이다. 세 번째 출발하는 상태가 좀 나아 보이는 중형버스를 골라 버스 지붕 위에 배낭을 싣고 탔다. 버스에 앉으면 창문을 두드린다. 행여 눈이라도 마주치면 물건을 사달라고 들이민다. 슬리퍼도 있고 음료와 땅콩, 빵 같은 먹거리와 팔찌, 목걸이 같은 장신구도 있고, 선글라스, 시계, 장난감, 빗, 바늘, 핀, 가방, 헤어 롤, 스카프, 지갑, 핸드폰 충전기와 전자기기 등을 파는 만물상이다. 어떻게 한 사람이 그렇게나 많은 물건을 가지고 다닐까? 60~70년대 예전의 우리 시골 장터 같은 버스 정류장 풍경이다. 버스는 자리를 모두 채우고 출발했다. 중국제 중고 버스는 기름 냄새를 폴폴 풍긴다.

버스운전사가 켜놓은 라디오에서는 일요일 예배설교를 중계한다. 이슬람의식의 설교가 끝나고 기독교의식의 설교가 시작된다. 한 방송국에서 공평하게 중계를 한다. 옆에 자리한 엄마는 예닐곱쯤 되어 보이는 어린 딸에게 레이밴 선글라스를 씌우고, 손에 과자봉지를 쥐여주고는 스마트폰 조작에 여념이 없다. 동양이나 서양이나 아프리카나 스마트폰은 세상을 바꿔놓고 생활의 혁명을 일으키는 중이다. 문명의 이기이기도 하지만 기기의 특성으로 통화기능에서 벗어나 사진, 지도, 일정관리, 금융, 미디어, 뉴스 등 다양한 성능과 이용방법으로 스마트폰 달인이 탄생한다. 모바일의 편리함도 있겠지만 가족, 친구와 대화가 줄어들고 생활 패턴도 바꾼다. 버스 타고 오는 2시간 동안 모녀는 대화를 한마디도 하지 않았다.

모시는 탄자니아 수도 다르에스살렘에서 600km 떨어진 도시로 킬리만자로 등정을 하려는 산악인들의 베이스로 킬리만자로시라고도 부르는데, '아프리카의 신비' 만년설을 보기 위해 세계 각지의 관광객들이 붐비는 도시다. 모시에는 많은 NGO가 활동한다. NGO는 공정무역의 다리역할을 하기도 하고, 커피농장투어를 연결하기도 하는데, 영세한 커피 협동농장의 관광견학을 주선하기도 하고, 그들이 생산한 커피를 중간 상인을 거치지 않고 직접 거래하게 돕는다. 모시의 커피농장들은 67개 커피 재배 연합으로 이루어져 있는데, 매주 생산한 커피는 토요일 경매에 부쳐진다고 한다.

방문한 마을은 개인이 운영하는 소규모 커피 농장으로 아라비카종 커피를 재배하는데, 경사지에 불규칙적으로 흩어져 관리가 거의 되지 않은 경작지들이 많았다. 노동자들이 소규모 농장만으로는 소득을 기대할 수 없어 대도시로 떠나는 바람에 어쩔 수 없이 커피 밭을 휴경할 수밖에 없었다고 한다. 주변 농장은 에티오피아의 차가Chagga족이 이주하여 농사짓는 농장으로 1961년 탄자니아가 독립하고 6년 후 농장을 경영하던 독일, 영

국, 그리스, 이탈리아인들이 그들 나라로 철수하자, 탄자니아 정부는 그들로부터 회수한 농토에 대해 토지법령을 제정하여 아프리카 원주민에게 재분배하여, 아프리카 전통방식으로 커피를 재배하게 했다고 한다.

커피 경작자들은 '킬리만자로 원주민 경작인 협회Kilimanjaro Native Planters Association'를 결성하여 커피의 질을 개선시키고 수출 시장을 증대시키는 방식을 연구한다고 한다. 커피는 탄자니아 수출품목 중에서 3위를 차지한다.

현지에서 커피 재배를 35년 하였다는 농부가 직접 설명하였다. 그들의 아버지 또는 할아버지가 외국인이 경영하는 대형 커피 농장에서 노동하며 조금씩 몰래 가져온 커피 열매를 파종하여 모종을 생산하고 묘목을 길러 조금씩 커피나무 재배를 늘려 농장을 일궜다고 한다.

별도의 흙이 담긴 용기에 커피콩을 엎어놓은 다음 1cm의 흙을 덮고

커피의 일생
오른쪽에서 왼쪽으로 – 묘목, 꽃, 체리, 과육을 벗긴 원두, 쭉정이, 볶은 콩, 빻은 커피가루, 물을 넣고 끓인 커피 한 잔

50~60일 후 새싹이 돋아난 커피 모종을 밭에 3m 간격으로 옮겨 심고 3년 정도 자라면 꽃이 피고 열매를 맺는데 열매 익는 속도가 7월에서 12월까지 제각각이어서 익은 체리부터 일일이 따내기 수작업으로 수확한다고 한다. 재배 시 커피나무 잎 뒤에 노란 반점이 생기는 병에 걸리면 농사를 망치기 때문에 예방의 한 방법으로 소 분뇨(오줌)와 유기농법으로 병충해를 예방한다고 한다. 커피나무가 식재된 밭 군데군데 바나나나무를 심어놓았는데 이는 서늘한 그늘에서 자란 커피콩이 좋은 품질의 열매를 맺기 때문에 바나나나무의 큰 잎사귀들이 커피나무가 필요로 하는 그늘을 제공하는 것이라고 한다.

이렇게 재배한 커피콩 중에서 빨갛게 익은 커피를 골라 따내기 한 다음,
– 커피나무에서 수확한 열매인 커피 체리를 과육을 벗기는 기계에 넣고 손으로 핸들을 돌리면 과육과 원두가 분리되어 나온다.
– 분리된 원두를 물에 담그면 쭉정이 커피는 물에 둥둥 뜨고 좋은 알맹이는 물에 가라앉는다.
– 쭉정이는 버리고 좋은 원두를 골라 햇빛에 일주일 정도 바짝 말린다.

- 알갱이를 다시 빻으면 겉에 있는 껍질이 벗겨진다.
- 이렇게 벗겨진 껍질은 버리고 원두를 사용하는데 품질 좋은 원두와 좋지 않은 원두를 일일이 분리한다.
- 마치 깨를 볶듯이 주걱으로 타지 않게 돌려준다.
- 이렇게 볶아주면 기름이 자르르하고 반짝거리는 살아 숨 쉬는 듯한 원두가 탄생한다.
- 이 원두를 적당하게 빻으면 커피 가루가 되는데 이를 물에 넣고 끓인 다음 필터를 통해 걸러 내거나 커피 가루가 침전된 다음 마신다.

커피 농장 농부들의 정성이 담긴 커피 한 잔이 되기까지의 과정이다. 100kg의 커피콩을 따면 말린 콩 10kg이 나온다. 이를 로스팅하면 약 8kg의 커피가 나온다.

농장에서 수확한 커피를 직접 숯불에 볶은 다음 절구에 빻아 커피를 마셨다. 커피 농민들이 생산한 커피를 협동조합에서 모아 공동으로 가공하여 판매한다고 한다. 전 세계에서 하루 25억 잔이 팔린다는 커피를 생산하는 커피 농민들의 1년 평균 수입은 8만 원에 불과하다. 커피 생산국의 대부분은 최빈국이다. 커피 원두의 생산

과정에는 불평등한 착취구조가 고스란히 들었다. 스타벅스에서 팔리는 커피 한 잔의 가격 중 커피 농가에 지불되는 비용은 0.5%뿐이라고 한다. 우

리가 하루에도 몇 잔씩 마시는 커피에는 이렇게 커피 생산자인 아프리카인의 눈물이 포함되어 있다. 커피 공정무역도 이들이 불쌍하다고 해서 단지 커피를 높은 가격에 사주는 것에 그치지 말고 과학적인 재배기술을 전수하고 원두 건조기술과 로스팅 기계를 지원해 정당한 가격에 팔게 판로를 개척해 주어 착한 커피로 착한 소비를 해야 하지 않을까? 공정무역을 통하면 0.5%인 커피 농민의 수익률이 6%까지 올라간다고 한다.

커피 농장 투어가 끝난 후 농장에서 식사할 때 반주로 바나나 맥주를 내놓는다. 수프도 바나나 수프다. 야자 열매껍질에 나무자루를 끼운 술잔에 담은 맥주 색깔은 노랗고 투명한 색이 아닌, 탁한 갈색의 누룩 같은 찌꺼기가 둥둥 떠다닌다. 약간 달짝지근한 맛으로 알코올 도수가 높다. 술을 별로 좋아하지 않는 내 입맛에는 별로이다. 일단 술은 무색의 투명한 색깔이거나 황갈색의 아름다운 색 또는 재료에 따른 고유의 색이어야 하는데 누룩이 떠 있는 투박한 바나나 술 보다 바나나 셰이크나 우유가 낫겠다. 맥주의 재료인 바나나는 따로 있다고 한다. 바나나 맥주에서 바나나 향이 나지 않는 술이다.

# 킬리만자로 트래킹

킬리만자로 트래킹을 위해 마랑구Marangu 가는 길에서 구름에 가린 킬리만자로 정상이 보인다. 맨 위 정상의 빙하는 1억 2000년 동안 쌓인 것인데 지구 온난화로 인한 기후변화로 빙벽이 매년 녹아 없어져 이 추세로 가면 2020년이면 아프리카의 마지막 빙하가 사라져 시한부 만년설이라고 한다. 빙하로 인해 물이 풍부하고 이 물이 기름진 토양에 흘러 커피 농장과 바나나농장을 가꾸고, 넓은 평원에 초원을 일궈 수많은 가축을 먹여 살린다. 더 이상 녹을 빙하가 없어져 수원이 고갈된다면 어찌 될까?

주변 마을의 바오밥나무는 수령이 700년쯤 된다는데 주변이 전봇대와 전선이 어우러져 있어 사막에서 본 바오밥나무만큼 감동이 나지 않는다. 옆으로 넓게 퍼진 나뭇가지 모양이 뿌리를 닮아 뒤집힌 나무처럼 보여 신이 실수로 거꾸로 심어 생겼다는 이야기가 전해져 내려오는 바오밥나무는 세계에 모두 9종이 존재한다고 알려졌다. 수박보다 살짝 작은 바오밥나무 열매는 겉은 초록색을 띠고, 그 껍질은 쪼개면 탱글하고 하얀 과육 덩

킬리만자로 기슭 마랑구루트 출발지점인 국립공원관리소에서 입산신고를 한다.

어리들이 있는데 이는 항산화 물질을 많이 함유해 노화를 억제시키는 식품으로 쓰이며, 원주민들은 치약으로 쓴다고 한다. 꼬투리는 스펀지 대용으로 쓰이고 나무껍질은 두들겨서 돗자리나 옷감으로 쓴다. 이렇듯 다양한 용도로 쓰이는 바오밥나무는 특이한 장점이 있는데 병이 들면 병을 없애려고 스스로 안에서 폭발해 나무줄기에 속을 파낸 듯한 큰 구멍을 만들고, 이렇게 해서 보기는 흉해도 나무는 다시 건강해져 성장한다고 한다. 마다가스카르에 토종 6종, 아프리카대륙에 2종, 1종은 호주에 각각 자란다. 마랑구가 가까이 다가올수록 커피와 바나나를 재배하는 농장이 많다. 아프리카에서 농장다운 농장을 본다. 주변 산림도 울창하고 농가의 집도 잘 지어졌다. 이들 농장은 에티오피아에서 건너온 차가족들이 일군 것이라고 한다.

킬리만자로 기슭 마랑구루트 출발지점인 국립공원관리소에서 입산신고서를 작성하고 트래킹을 시작한다. 등산객은 자연보호를 위해 물 담은 페트병을 소지하여 반입할 수 없고 별도의 금속 또는 플라스틱 용기에 물을 담아 가져가야 한다. 등반 규정상 우리 일행 6명에 앞뒤로 2명의 가이드가 동행한다.

그중 자기를 고드윈Godwin이라고 소개한 가이드가 "안녕하세요?"라고 인사한다. 한국인과 함께하는 트래킹은 처음이며 한국에 대한 정보는 아리랑TV를 시청하여 알고, 호감이 간다고 했다. 〈주몽〉, 〈이방인〉 등 여러 가지 TV 드라마를 시청했으며 우리 민요 아리랑 등을 안다고 하였다. 아프리카에도 한류가 상륙했다. 산악가이드는 공식 산악인 자격증을 취득해야만 할 수 있다고 한다. 앞으로 꿈은 NHK(일본), CCTV(중국)를 시청하여 한·중·일어를 배워 아시아 3국 관광객을 상대로 능력 있는 안내를 하는 것이라고 한다. 야심 있는 젊은이다.

정상까지 등정하는 팀은 4~5박 정도 하며, 가이드와 요리사, 포터를 대동하고 등정한다. 포터는 등반객의 배낭, 침구, 텐트, 먹을 음식 등을 머리에 이거나 등에 메고 킬리만자로산을 오르는데 포터 1인당 15kg 이내의 짐을 운반한다는 규정을 두어 짐꾼을 보호한다고 한다. 따라서 등정 기간에 따라 많은 수의 포터가 필요하다고 한다.

오늘 할 트래킹은 왕복 24km이다. 킬리만자로 정상 우후루피크는 해발 5,895m로 1차 베이스캠프인 마랑구에서 롯지 시설이 있는 해발 2,700m까지 등정하여 하산한다. 킬리만자로의 뜻은 스와힐리어로 '빛나는 하얀 산'이라는 뜻인데, 오늘의 트래킹 루트는 완만하여 일명 '코카콜라 루트' 또는 '비어 루트'라고 한다. 마랑구에서 보다 경사가 급한 다른 루트는 '위스키 루트'라고 한다. 정상을 오르는 루트는 6개 정도인데 코카콜라 루트가 대중적으로 인기가 좋다고 한다. 킬리만자로 정상인 키보kibo, 5,895m 까지 왕복 4~6일 정도 걸린다고 한다. 등산길 입구 오른쪽에 1889년 유럽인 최초로 킬리만자로를 등정한 독일인 한스 마이어Hans Meyer와 가이드인 라우워Lauwo, 포터 코웨라Kowera 이름이 새겨진 기념비가 있다.

마랑구 루트 출발지점에서부터 오르막길은 폭 1m 정도의 숲이 터널을 이룬다. 우기의 숲이라 킬리만자로 수염이라 불리는 이끼 식물과 물을 머금은 땅으로 미끄럽다.

점점 오르면서 나무의 크기도 작아지고 식물의 종류도 달라져 또 다른 숲을 경험한다. 한 번 꽃이 피면 8개월 이상 핀다는 Everlasting, 추워 낙엽이 들어도 잎이 땅에 떨어지지 않고 시들면 줄기 쪽으로 감싸 안으며 추위를 이기게 한다는 세네지오는 오직 킬리만자로산에서만 자생하는 식물이라고 한다.

좁은 등산길에 개미가 엄청 많다. 개미가 신발을 타고 올라 바지 속으로 들어갔다. 맨 뒤 가이드 가브리엘이 자기처럼 바지 끝단을 양말에 넣으면 개미가 들어갈 수 없다고 알려준다. 그의 말을 따라 바짓단을 양말 속으로 밀어 넣는데, 뽈레! 뽈레!(천천히! 천천히!) 하며 기다려 준다. 고드윈이 우리 민요 아리랑을 불러 우리 일행은 정선 아리랑으로 화답했다. '아리랑~'이 킬리만자로 밀림 속에 울려 퍼진다. 이에 대한 답송으로 뒤에 따라오는 가이드 가브리엘이 아프리카 민요Jambo Bwana, 킬리만자로 송를 부른다. 아프리카의 토속적이고 경쾌한 리듬에 어울려 어깨가 들썩인다. 우리나라 초등학교 6학년 음악책에도 수록되었다.

Jambo, Jambo bwana
잠보, 잠보 브와나
(안녕하세요, 안녕하세요. 손님)

Habari gani, Mzuri sana
아바리 가니, 미주리 사나
(잘 지내세요, 아주 좋아요)

Wageni, Mwakaribishwa
와게니, 므와카리비쉬와
(외국에서 오신 분들, 반가워요)

Kenya yeti Hakuna matata
케냐 예투 하쿠나마타타
(우리 케냐는 아무 문제 없어요)

(반복)

Kenya nchizuri
케냐 은치주리
(케냐는 아름다운 나라)

Nchi ya maajabu
은치 야 마아자부
(신비로운 나라)

Nchi ya kupendeza
은치 야 쿠펜데사
(어여쁜 나라)

스와힐리어로 된 케냐를 상징하는 유명한 노래로, 은근히 중독성 있다. 전국공통, 초등학교 6학년 음악 과목 필수곡이다. 아프리카 분위기를 내는 마성의 BGM으로 쓰인다.

가이드 고드윈은 어제 모시Moshi에서 열린 마라톤대회에 참가하였다고 한다. 킬리만자로 마라톤Kilimanjaro Marathon은 세계 각지에서 참가하는데, 42.195km 풀코스와 21km의 하프코스, 5km의 코스로, 그는 하프코스를 완주했다고 한다. 하프코스를 3시간 30분 이내로 완주했을 때 메달과 티셔츠를 준다고 한다. 참가자가 많아 코스에 따른 출발장소는 각각 다르나 도착장소는 같다고 한다. 마라톤대회는 매년 한 번 2월 말에서 3월 초순 사이에 개최된다고 한다. 마라톤! 하면 케냐지만, 탄자니아도 잘한다고 자랑이다.

트래킹 도중 옛날에 사용했다는 큰 통나무의 속을 파내어 만든 원시적인 나무로 된 벌통과 체리족을 상징하는 나무와 남아프리카공화국 국화인 야생 프로테아, 하얀 긴꼬리원숭이를 봤다. 갑자기 소낙비가 내리더니 30분쯤 후에 멈추고 햇빛이 쨍하고 비춘다. 이런 날씨를 코미디언 날씨라고 한단다.

이렇게 트래킹과 가이드의 설명을 들으며 해발 2,700m 만다라MANDARA 산장에 도착하여 각기 배낭에 넣어온 런치박스로 식사를 했다. 산장은 약 180명을 수용하데 성수기에는 반드시 예약해야 한다고 한다. 산장 조명은 태양 판넬을 사용하는데 오늘처럼 비가 오는 날에는 밤에 불을 밝힐 수 없어 어둠 속에 잠만 자야 한다고 한다. 만다라 산장에서 500m쯤에 있는 마운디 분화구는 표고 2,820m로 부근 등성이에서 멀리 케냐호수 살라Lake Chala가 보인다.

킬리만자로에서만 서식한다는 하얀 긴꼬리원숭이

야생 프로테아: 남아프리카공화국 국화

숲 터널은 킬리만자로 수염이라 불리는 이끼 식물들로 덮혀 있다.

킬리만자로산 밑에선 구름에 가려 킬리만자로 정상을 제대로 보지 못하고, 만다라에서는 비 오는 날씨에 방향이 어딘지 구분을 할 수 없어 킬리만자로 정상인 키보는 더더욱 볼 수가 없다. 아쉽다.

일행의 하산 시간이 더뎌 가이드 가브리엘과 함께 먼저 하산했다. 등산로 입구인 마랑구 국립공원관리소에서 체크아웃해야 하기 때문이다. 산에 등정한 우리 일행이 하산을 못 해 공원관리소 직원이 컴컴해지는데도 퇴근하지 못하고 기다리고 있었다. 관리사무소 앞 기념품 가게도 화장실도 모두 문이 잠겼다. 산 주변은 어둑어둑해지는데 일행은 아직 하산 중이다.

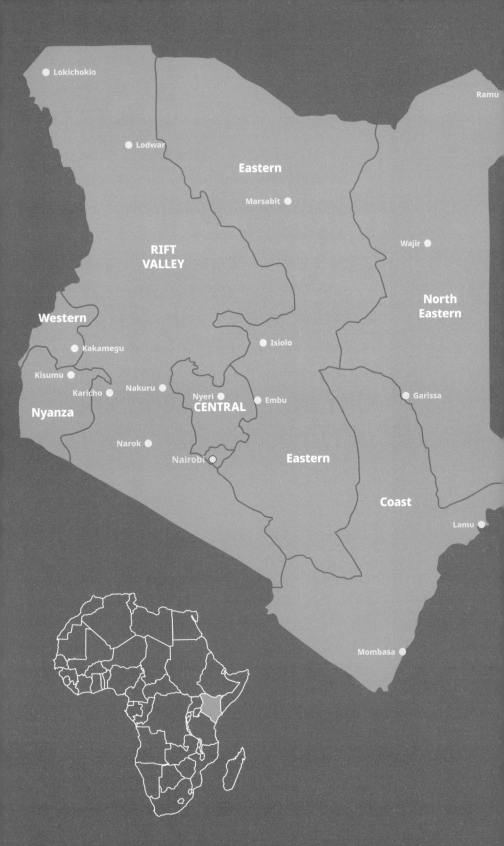

# 6장 케냐

Kenya

| | |
|---|---|
| 수도 | 나이로비(Nairobi) |
| 면적 | 580,367㎢(남한의 5.8배, 세계 49위) |
| 인구 | 51,180,421명(세계 28위, 2018년) |
| 언어 | 영어, 스와힐리어 |
| GDP | 75억 990만$(국내총생산, IMF: 2017년) |
| GDP/1인당 | 3,660$(WORLD BANK, 2017년) |
| 화폐 | Shilling |
| 전압 | 220V |
| 국화 | 열대 난초(Tropical Orchid) |
| 국조 | 롤러 카나리아(Lilac-Breasted Roller) |
| 여행경보 | 소말리아접경지역: 적색경보, 철수권고지역 |

# 비닐봉지 생산 금지하는 케냐

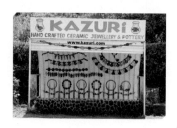

모시에서 셔틀 타고 아침 6시에 케냐 나이로비를 향해 출발했다.

케냐행 버스는 중형으로 25인승 좌석 통로에 간이의자까지 설치하여 한 명이라도 더 태울 수 있게 되어있다. 국경을 넘기 전 버스 차장이 승객들의 명단을 작성케 한다. 프랑스, 미국, 인도인 1명과 우리 일행을 제외하고는 탄자니아인이다.

탄자니아와 케냐국경 출입국 사무소는 같은 건물에 칸막이도 없이 사이 좋게 근무한다. 건물 입구에서 황열병 예방접종증명서를 확인하고 소지자만 들여보낸다. 탄자니아 출국 스탬프를 받고, 바로 옆에서 케냐의 입국도장을 받는다. 이때 출국세로 50달러를 내고 영수증을 제출해야 한다. 양쪽 나라 모두 특이하게 여성한테만 지문을 찍게 한다. 여권을 확인하기도 전에 "안녕하세요?" 하며 인사한다. 내가 코리언인 줄 어찌 알고 있을까? 그런 후 "노스? 사우스?" 하고는 내가 대답하기도 전에, 노스North는 문제

복잡한 나이로비 시내 by pixabay

가 많고 사우스South는 굿! 이라며 웰컴! 한다. 입국심사 직원이 자기 친구
가 한국에 거주한다며 요구하지도 않았는데 자기 이름과 이메일 주소를
적어준다. 짐 검사 하는 직원도 "안녕하세요?" 하며 먼저 인사하고, 입국
사무소 뒤편 기념품 가게 점원도 한국에서 왔다고 하니 우리말로 반갑다
고 인사한다. 케냐는 한국 여행객들에 대해 좋은 인상을 받고 있나 보다.

다시 승객을 태우고 조모 케냐타 국제공항에서 일부 승객을 내리게 하
고는 시내로 향했다. 공항 이름은 케냐 독립의 아버지라 불리는 초대 대통
령의 이름을 따서 지었다. 공항에서는 승객을 모두 내리게 한 다음 소지품
검사를 한 후 다시 승차시킨다. 공항에는 케냐의 상징인 코끼리를 비롯한
동물의 조형물을 어찌 많이 설치해 놓았는지 동물의 나라답다. 나이로비
시내로 들어가는 도로에는 물류를 실어 나르는 트럭이 많고 주변에 공장
들이 많아 산업도로 같은 느낌이다. 나이로비 시내에 가까워질수록 광고

탑에 가구, 부엌용품을 선전하는 광고와 전시매장, 외국 자동차 전시장과 서비스센터가 많이 보이고 교통은 혼잡해진다. 차가 밀리는 곳에서는 우리처럼 도로에 생필품과 먹거리를 파는 장사꾼이 등장한다. 모시에서 나이로비까지 7시간 걸려 도착했다.

케냐는 바로 밑에 위치한 우간다, 탄자니아와 마찬가지로 영국의 식민 지배를 받았다. 1963년에 독립하여 면적은 남한의 2.6배, 인구는 5,100만 명, 수도인 나이로비 인구는 약 280만 명이다.

나이로비에서는 APT를 임대하여 묵기로 했다. 임대료는 방 세 개짜리 집이 하루에 60$, 주인이 승용차로 슈퍼마켓을 안내하여 식료품을 구입했다. 아프리카는 어느 나라나 마켓에 들어갈 때 검색기를 통과하고 소지품 검사를 한다. 중국인들이 많이 거주하는지 중국인을 위한 식료품이 많았다. 주류는 아프리카 다른 나라와 마찬가지로 마켓에서 팔지 않고 별도의 주류 판매전문점에서 성인에게만 판매한다.

아프리카의 대표적인 슈퍼마켓으로는 나쿠멧NAKUMTT이 있는데, 현 대통령의 고향인 나쿠루라는 도시에서 매트리스 장사를 하다가 거부가 된 주인이 고향 나쿠와 매트를 합성하여 이름을 지었다고 한다. 이 밖에도 우추미UCHUMI라는 대형 슈퍼마켓에서는 모든 식료품과 농산물, 공산품 등을 판다.

슈퍼마켓에서 빨간 망사 비닐망을 얻을 때 종업원이 몇 번이고 어디에 쓸 것이냐고 묻는다. 야채와 과일에 사용할 때만 허용된다고 한다. 얻은 비닐 망에 달걀을 담았더니, 내 동선을 주시하던 종업원이 다가와서 줄 수 없다고 회수하여 간다.

케냐는 환경보호에 철저한 나라다. 슈퍼에서 또는 구멍가게에서도 비닐봉지를 사용하지 않음은 물론 공항에서도 입국 시 비닐봉지 소지 여부를 철저하게 단속하여 소지한 비닐봉투는 공항에서 폐기처분한다. 케냐는 2017년 8월 28일부터 전면적인 비닐사용금지를 선포하고, 환경보호국은 비분해성 일회용 비닐봉지 생산을 금하여 비닐봉지 제조업체들이 공장가동을 중단하였다고 한다. 비닐봉지뿐만 아니라 플라스틱 포장제품을 제조한 자나 이를 사용하게 하여도 위반 시 최대 38,000달러, 최대 2년의 징역에 처한다고 한다. 심지어 아프리카 여성들이 비 올 때, 멋지게 땋은 머리에 비를 맞지 않게 하려고 머리에 덮는 비닐 망까지도 사용금지라고 한다. 환경오염을 방지하고 자연을 보호하려는 케냐 정부의 바람직한 조치이다.

나이로비 도심엔 인도풍의 건물이 많은데 이는 케냐의 토지, 부동산, 은행 등을 소유한 경제적으로 부유한 사람들의 것이다. 1900년대 영국이 동인도회사를 통해 케냐에 철도공사를 하려고 강제로 끌고 온, 당시 인도 카스트제도의 하층계급에 속하는 불가촉천민인 수드라 사람들의 강제노역자 후손으로 유럽의 유대인들처럼 자본과 상업력을 바탕으로 유통과 시장을 장악하였다고 한다. 아프리카 지역에선 이들에 대한 배타감정이 이는 상황이라고 한다.


나이로비 첫날밤, 부슬부슬 차가운 비가 내린다. 나이로비는 마사이어로 '차가운 물'을 뜻한다.

# '왕가리 마타이'의 그린벨트

여행 중 제일 한가한 날이다. 늦잠자고 식사하는 것도 여유롭고, 차 한 잔 하며 사색하는 것도 좋다. 아파트 밖의 풍경은 우리와 비슷하여 출근으로 주차장에 빈 곳이 늘어나고 아파트경비원은 출근하는 주민에게 인사하고 학생들에겐 웃음을 날린다. 이들의 인사를 살펴보면 대부분 경비원과 주민이 서로의 이름을 부르며 반갑게 인사하는 것이 친구처럼 느껴진다. 어젯밤 비가 내렸으나 아침은 맑고 햇살은 눈 부시다.

출근시간대의 나이로비 도로는 무질서한 차량이 밀리기도 하지만 흙먼지와 고물차들이 뿜어내는 시커먼 매연으로 숨쉬기가 불편하다. 도로가 고르지 못해 어제 내린 빗물이 움푹 팬 웅덩이에 고여 차량이 지나가면 물이 튈까 봐 조심해야 하고 보도는 아예 포장이 안 된 곳이 대부분이다. 도시계획을 어떻게 설계했는지 최신식 고층건물인데 테러방지를 이유로 정문으로만 출입이 가능하여, 건물 앞쪽으로 가려면 10여 분을 돌아가기도 한다. 보안을 위해 그렇다지만 큰 호텔과 쇼핑몰이 그런 정도이니 작은 건물은 더욱 출입이 불편하다. 시내 전체가 해발 1,660m의 구릉지로 언덕과 평지로 이어져 언덕을 오를 땐 경유 차량이 내뿜는 매연이 심해 도로를 걷기에는 힘들다. 현대식 건물과 슬럼화된 지역이 공존하는 나이로비다.

물가는 다른 아프리카 도시에 비해 비싼 편이다. 호텔 커피는 우리 돈 4,000원, 크루아상 3,000원 정도였는데 커피 맛은 최고였다. 슈퍼마켓에서 파는 한국 라면은 우리나라에서 파는 가격의 6배 정도였다. 유명한 체인점 JAVA HOUSE 커피와 음식도 비쌌다. 음식점 주변에서 자가용으로 영업하는 차를 타고 운전사가 안내하는 우후루Uhuru 공원에 갔다. 시내가 한눈에 보이는 곳에서 바로 우리가 선 지점이 케냐 독립 후 개정헌법을 선포한 장소라고 설명한다. '우후루'란 말은 스와힐리어로 '자유와 독립'을 의미한다. 나이로비 도로가 불편하다고 했더니 세계은행이나 유엔 등에서 원조한 돈으로 기반시설에 투자하나 나이로비 시장이 부패하여 착취한 결과로 도로 등 기반시설의 투자와 보수유지가 엉망이 되었다고 한다. 현재 대통령은 지난해 8월 당선되었는데 야권이 부정선거를 했다고 주장하여, 케냐 대법원은 대통령 당선을 무효화시키고 다시 선거할 것을 판결하여, 재선거 결과 우후루 케냐타Uhuru Kenyatta 대통령이 다시 승리하였다고 한다. 사법이 우리나라 보다 진일보한 케냐이다. 운전사의 말로는 대통령은 돈이 많아 부정부패를 하지 않을 것인데 공무원들의 부패가 문제라고 울분을 토한다. 개념 있는 운전사다.

운전사 얘기로는 케냐는 영국의 동아프리카 보호령으로 세계대전이 발

우후루 공원 전망대에서 본 나이로비 시내

발했을 때 영국군 소속으로 전쟁에 참전하여 노역과 병사로서 목숨을 바쳐 충성했건만 막상 전쟁이 끝나고 전승국이 된 영국의 백인들은 전리품과 명예를 모두 차지하고 피를 흘린 케냐인들에게는 아무런 보상과 위로를 전하지 않았다고 한다. 이에 케냐인들은 분노하고 더 이상 그들의 속국이 되기를 거부하며 케냐 독립을 외쳤다고 한다. 키쿠유 부족을 중심으로 '이싸카 나 위야띠!'라고 절규하듯 외쳤다고 한다. 마치 3·1 운동 때 대한 독립 만세! 한 것처럼.

땅과 자유를 뜻하는 키쿠유 방언의 독립구호 이싸카 나 위야띠! 구호 아래 뭉친 케냐인들은 영국에 맞서 싸우기 시작했다고 한다. 독립운동 과정에서 백인의 편에 선 자들과 원주민의 편에 선 자들 간에 서로 갈라져 죽고 죽이는 동족 간의 비극이 펼쳐지고, 그 과정에서 오해와 누명이 겹치며 수많은 무고한 사람들이 목숨을 잃었다고 한다. 케냐 독립운동에 수많은 여성도 총을 들고 참가하였으며, 드디어 1963년 케냐는 영국으로부

터 독립을 쟁취하였다. 독립 이후 식민지 시절과 1, 2차 세계대전 시 적국에 협력한 부역자를 처벌하고 독립운동 시 희생된 국민에 대한 추모 열기는 지금까지도 이어진다고 한다.

자유가 무엇인지, 자유를 얻기까지 얼마나 큰 희생이 필요한지를 케냐인들은 안다고 한다. 개념 있는 운전사의 설명을 들으며, 일제로부터 해방 이후 친일파들에 대한 반민특위가 설치되어 민족을 배신하고 일제에 충성한 부역자 처벌을 하고자 하였으나 흐지부지하여 결국 처벌받아야 할 친일파들이 민주대한의 지배세력으로 행세하는 우리와 대비된다.

케냐 출신 여성으로 왕가리 마타이가 아프리카 최초로 노벨평화상을 받았다고 자랑한다. 케냐 부족들이 땔감으로 나무를 사용하여 산이 헐벗어지자 나무 심기 운동을 벌였으나 정부는 물론 국민들한테도 호응받지 못하자 스스로 나무 심기를 하고 국제단체에 호소하여 케냐의 헐벗은 산을 숲으로 가꾸었다고 한다. 그린벨트Green Belt란 용어는 왕가리 마타이의 나무 심기 운동에서 나왔다고 한다. 키쿠유족 출신인 그녀는 여성들을 설득해 나무 심기 운동을 시작하여 삼천만 그루 이상의 나무를 심었다. 그들이 나무를 심을 때 줄처럼 나란히 심어진 나무에서 그린벨트라는 말이 나왔다고 한다. 인권과 평화가 아닌 환경운동가에게 노벨평화상이 주어졌다는 것도 처음 알았다. 왕가리 마타이로 인해 환경이 노벨평화상의 주제가 되었으며 지평을 넓혔다고 한다.

나이로비 국립박물관Nairobi National Museum은 2층으로 된 건물이다. 정문 입구에 원주민 엄마가 아이를 안고 있는 돌조각상과 나무의 조형물을 지나면 박물관이다. 국립박물관 명칭에 수도 나이로비를 사용하여 의아했다.

입장료는 외국인(비거주자)은 1,200실링으로 자국민 200실링에 비해 6배다. 특이한 점은 동아프리카에 거주하는 사람들에게는 600실링으로 할인해 준다. 안내 데스크에 박물관 팸플릿을 요구하니 없다고 한다. 서운한 표정을 지으며 아쉽다고 하니, 브로슈어가 딱 한 장 있는데 살펴보고 관람이 끝난 후 돌려달라고 하며 주었다.

박물관 1층 정원에는 커다란 코끼리상의 조각물이 설치되었고 1층 전시실에 들어서면 포유류의 홀과 인류의 요람, 160만 년 전 인류의 조상인 호모 에렉투스투르카나 보이, Homo erectus Turkana or Naiokotome boy의 골격 모형도를 전시해 놓았다. 호모 사피엔스Homo Sapiers의 직계인 직립원인의 유골 발굴지와 발굴된 투르카나 소년의 진품 골격을 전시했다. 인류 최고의 조상인 셈이다. 리키에 의해 1984년 케냐의 투르카나에서 발굴되었는데 골격화석을 근거로 추정하면 마른 체구에 키가 165cm 정도라고 한다. 원주민관은 원주민들의 생활상을 실물 크기의 모형을 통해 전시하고, 케냐의 역사관에는 식민지기간 케냐의 역사적 사건과 우간다와 케냐의 철도건설역사 등이 전시되었고, 삶의 주기를 표현한 전시는 태어나서 청소년기를 거쳐 늙고 사망하여 조상으로 바뀌는 죽음과 문화에 대한 과정을 알기 쉽게 표현했다. 동부아프리카 갤러리 관에는 동아프리카에 서식하는 야생의 형형색색 작은 새부터 큰 새까지 박제된 조류를 전시하는데 박제된 새의 수가 3,000여 종이 넘는 방대한 양이다.

국립박물관 2층 전체는 영화 〈야성의 엘자Born free〉의 실제 주인공인 조이 애덤슨Joy Adamson의 방으로 꾸몄다. 조이 애덤슨은 1910년 오스트리아에서 태어나 스물여섯 살 때 케냐로 건너가 1980년에 사망할 때까지 케냐에 살면서 케냐 북부 수렵 감독관인 남편 조지와 함께 전 세계 야생동물들을 보호하기 위해 세계최초의 야생동물 쉼터를 세워 야생동물을 보살피고, 다친 동물들이 건강하게 야생으로 돌아가도록 치료해 주었다. 야생동물들을 위해 평생을 바친 그녀의 일생을 전시하여 케냐국민들은 그녀에 대한 존경심을 표한다.

아이러니한 것은 아프리카 식민지 시절, 원주민들에게 잔혹한 짓을 일삼은 백인들도 있었지만, 백인인 그녀는 케냐의 동물들을 위해 일생을 바쳤다는 것이다. 하지만 그녀는 캠프에서 그녀가 고용했던 케냐인의 사주를 받은 3명에게 살해당했다. 살해를 사주한 사람들의 주장은 그녀가 현지인들을 헐값으로 부리고, 월급마저 몇 달째 체불하면서 사자에게 줄 고기를 구입하는 데는 돈을 아끼지 않음에 화가 나 범행을 했다고 주장했다 한다. 남편 조지 애덤슨도 그녀가 살해된 9년 후 밀렵자에 의해 살해당하는 비극을 맞는다.

# 카렌 블릭센의 〈아웃 오브 아프리카〉

　나이로비 도심으로부터 남서쪽으로 19km의 카렌 박물관 가는 길, 탄 자동차는 일본제인데 중고차 그대로 수입하여 자동차 경고음과 안내 멘트가 일본어로 나온다. 시내 자동차 대부분이 일본제로 운전석이 오른쪽이다.

　일본의 승용차 교체주기는 평균 9년, 폐차주기는 16년으로, 2017년 중고차 수출 대수가 130만대에 이른다(2017년 기준). 일본 차 수출대상국 중 수출 대수 순위는 케냐 6위, 남아공 7위, 탄자니아 9위이다. 자동차만큼은 중고차의 천국, 헬Hell 아프리카이다.

　카렌 블릭센Karen Blixen은 영화로도 유명한 소설 〈아웃 오브 아프리카The Out of Africa〉의 저자이다. 그녀가 14년간 실제 거주했던 집 '음보가니 하우스M'Bogani House'는 박물관으로 개방되었다. '음보가니'란 뜻은 스와힐리Swahili어로 '숲 속의 집'이라는 뜻인데, 그 뜻처럼 초록과 나무가 가득한 숲 속의 박물관 정원에 관람객이 입장하면 기다리던 해설사가 우릴 안내한다. 그림 같은 예쁜 집 음보가니 너머로 응공 언덕Ngon Hill이 보인다. 응공언덕은 해발 2,400m 높이로 음보가니의 해발 1,800m보다 높은 곳의 절벽형상을 한 고지대에 서 있다.

박물관 해설은 관람객의 숫자와 관계없이 한 팀마다 해설사가 함께하여 안내한다. 관람객들은 정원에 놓인 의자에서 카렌 블릭센의 일생에 대한 설명을 30분 정도 들은 다음 해설사의 안내로 박물관 내부를 둘러본다. 카렌 블릭센은 1885년 덴마크 코펜하겐에서 태어나 18세에 왕립 아카데미에서 수학하고 1905년 덴마크 잡지에 그녀가 쓴 최초의 글이 발표되었으며, 22세 때 오세올라Osceola라는 필명으로 첫 소설 〈은둔자들Eneboerne〉과 〈농부〉를 발표한다. 24세 때 아버지 사촌의 아들 한스 본 블릭센피네케 남작과 사랑에 빠진다. 27세에 한스 남작의 쌍둥이 형제 스웨덴인 브로르 본 블릭센 피케네 남작의 청혼을 받아 1913년 약혼한 후, 이듬해 결혼식을 올린 두 사람은 케냐로 이주했다.

1차 세계대전이 발발한 이후 커피 가격이 상승하게 되자 벼락부자의 꿈을 안고 나이로비 근처에 농장 부지를 매입하여 6백 에이커나 되는 커피플랜테이션과 함께 목장 운영을 시작하였으나, 억만장자를 희망했던 남편은 농장경영보다는 사냥과 여행에 열중하여 농장경영은 실패하고 설상가상으로 남편에게서 매독이 옮아 다음 해에 치료차 덴마크로 돌아간다.

그녀는 부푼 꿈을 안고 아프리카에 도착하여 잠자리에 누워서도 커피 공장과 농장을 개선할 궁리만 하면서 남긴 글에 '커피 농장이 눈부시게 아름다운 때가 있다. 우기가 시작되면서 커피나무에 꽃이 피면 6백 에이커가 넘는 땅 위에 안개와 부슬부슬 내리는 빗속에서 마치 분필 가루가 자

〈아웃 오브 아프리카〉의 저자 카렌 블릭센이 거주했던 음보가니 하우스(카렌 박물관)

욱하게 피어오른 듯한 화사한 광경이 연출된다. 커피 꽃은 블랙손꽃처럼 쌉쌀한 향이 난다. 잘 익은 커피 열매가 밭을 붉게 물들이면…'이라고 묘사했다. 당시 에이커당 600그루의 커피나무를 심었다고 하니 규모가 얼마나 큰 농장이었는지 짐작이 된다. 이런 꿈을 안고 남편을 따라 아프리카에 온 지 1년 만에 안 좋은 일이 일어났으니 카렌의 충격이 얼마나 컸을까?

그러나 그녀는 곧 아프리카로 돌아와 친척들이 투자한 돈으로 카렌 커피 회사를 설립하고 첫 번째 농장도 늘려 일부 원시림을 포함한 6천 에이커의 농장을 경영한다. 이 면적에서 2천 에이커의 목초농장과 1천 에이커 정도의 '샴바'라고 불리는 소작지를 원주민인 키쿠유족이 농사지으면서 그 대가로 지주인 카렌에게 노동력을 제공했다.


결혼에서 정신적인 안정을 찾고자 사랑 없이 결혼하고, 방랑벽으로 결혼생활에 성실하지 못했던 남편과 생활하던 중, 영국인 사냥꾼 데니스 핀치해턴을 운명적으로 만난다. 1921년부터 별거 중이던 카렌 블릭센은 데니스의 아이를 유산한다. 불행은 더해 커피 농장에서 화재가 발생하고, 데니스와 카렌은 음보가니 하우스에서 동거를 시작한다.

그녀는 아프리카에서 농장일뿐만 아니라 상처 입은 황새나 가젤 등 연약하고 병든 동물들에게도 관심을 기울이고 원주민들에게도 마음을 열어 따뜻한 이웃으로 지냈다. 이혼 무렵부터 남동생 토마스와 농장을 함께 운영하였지만 농사일에는 문외한이었던 카렌과 동생은 커피 농장경영으로 단 한 해도 이익을 내지 못하고 경영난에 시달렸다.

1925년 남편 브로르와 이혼까지 했으나 사귀던 연인 핀치해턴은 카렌과의 결혼을 차일피일 미루며 꺼린다. 이런 와중에 46살의 카렌은 사귀던 연인 데니스마저 비행기 사고로 잃고, 음보가니 하우스에서 바라보이는 응공언덕에 연인 데니스의 유택을 마련하고 젊은 시절의 추억이 어린 아프리카를 쓸쓸히 떠난다. 소설 같은 실화이다.


아프리카가 원산지인 커피 재배는 지금까지는 저임금을 기반으로 경영하였으나 커피 재배지가 아프리카 외에 센트럴아메리카와 동남아시아 등 전세계적으로 약 70여 개국이라 한다. 아열대 기후에 근접해가는 우리나라도 커피 재배에 점점 유리한 조건을 갖추어 전남 고흥에 국내 최대 커피 재배단지가 조성되는 상업화에 성공했다. 지금은 시작단계에 불과하지만 갈수록 커피 재배 농가는 늘어갈 것이다. 반면 케냐는 커피나무를 뽑고 대신 아보카도 나무로 전환하는 농가가 는다고 한다. 많은 노동력이 드는 커피나무에 비해 아보카도 재배는 수확과 품질관리에 소작농 농부의 손길이 많이 절약되기 때문이다. 숲 속의 버터라 불리는 아보카도는 유럽과 중동에서 건강 다이어트 식재료로 인기를 끌어 수요가 크게 늘면서 커피나 차 재배를 접고 상대적으로 소득이 많은 아보카도를 재배하는 것이

라 한다. 박물관 정원에는 당시 카렌이 심었다는 100년 된 야자수와 이탈리안 사이프러스 나무, 120년 되었다는 주황색 꽃이 핀 아프리칸 튤립의 고목이 화려함을 뽐낸다.

박물관 내부는 사무실과 거실, 침실과 식당으로 이루어졌다. 거실에 걸린 독일제 뻐꾸기시계가 정오 시보를 알릴 때, 시계에 달린 작은 문이 열리면서 뻐꾸기가 분홍색 장미꽃으로 둘러싸인 작은 문에서 튀어나와 청아하고 거만한 소리로 해당 시각만큼 뻐꾹! 뻐꾹! 거리다가 도로 문을 닫고 들어가는 장면을 보기 위해서 뻐꾸기가 정오를 알려줄 때를 가늠하여 농장 아이들과 원주민들이 모여들었다고 한다. 1년 내내 태양의 위치만 보고도 시간을 알뿐더러 삶 자체가 시간의 구애를 받지 않기에 시계가 중요치 않았을 아프리카인들에게 시계란 것 자체가 완전한 사치품이었지만 또한 신비한 물건이었다고 한다.

카렌 블릭센은 1931년 덴마크로 돌아가 코펜하겐 룽스테드룬드 Rungstedlund 해변에서 글쓰기에 몰두하여 9권의 책을 저술했는데, 2번째 책이 아프리카에서 삶의 추억을 소재로 쓴 작품 〈아웃 오브 아프리카〉이다. 영화 속 여주인공의 실제 모델이 카렌 블릭센 자신인 것은 누구나 아는 사실이다.

영화 〈아웃 오브 아프리카〉의 멋진 장면은 아프리카 여행에 대한 환상을 주었다. 노랑색 페인트가 칠해진 복엽 경비행기를 타고 창공을 누비며 야생 동물의 천국인 아프리카의 대자연을 두 연인이 즐긴다. 혼자 비행기를 타고 아프리카 초원의 그림 같은 풍경을 감상해도 가슴이 콩닥콩닥 뛰고 흥분될 텐데, 사랑하는 연인과의 비행이었다. 사랑하는 사람 – 영화 속에서는 로버트 레드포드 분 – 과 함께 하늘을 난

다면 누군들 좋지 않으리~ 더군다나 달달한 영화 삽입곡은 연인 데니스가 가져온 축음기에서 흘러나오는 모차르트 클라리넷 협주곡이다. 이 영화의 장면이 아프리카 여행의 일부 동기가 되었지만, 실제 아프리카의 여행은 영화가 아니었다.

케냐가 식민지화된 지 100년 후인 1985년, 카렌 탄생 100주년을 맞아 케냐의 민간인이 소유했던 당시의 농장과 저택을 덴마크 정부가 구입하여

독립한 케냐에 기증하여 '카렌 블릭센 박물관'으로 개장했다. 또한 같은 해인 1985년 그녀가 출간한 소설 〈아웃 오브 아프리카〉는 시드니 폴락 감독에 의해 영화화된다.

케냐가 서구 열강의 식민지가 된 것은 1885년 독일이 술탄이 지배하던 케냐의 해안지역을 차지하여 보호령으로 만들면서부터이다. 그 후 영국은 1888년에 동아프리카 회사를 설립한다.

카렌은 케냐를 전 세계에 알린 우상이고 전설이다. 덴마크 룽스테드는 카렌의 출생지이자 그녀가 묻힌 곳으로 카렌의 삶과 체취가 남은 집이 나이로비 카렌 박물관과 같은 이름의 박물관으로 조성되었다.

나이로비 중심가에서 남쪽으로 25km 떨어진 랑아타 로드Langata Road에 있는 'Bomas of Kenya'는 케냐 민속촌과 전통문화 공연장을 갖춘 곳이다. 공연장에서 케냐 42개 종족 중 10개 종족의 퍼포먼스 – Sengenya Dance, Nyatiti Dance, Embu Drummers, Old Kikuyu Dance, Percussion Instrument, Kuria Dance, Orutu Dance, Rimba Kayamba, Samburu Dance, Isukuti – 를 1시간 30분 동안 관람했다. 아프리카 전통공연은 대개 비슷하다. 전사가 사냥에 나서거나 타 부족과 전투에 나서기 전에, 일치감을 고양하기 위한 의식으로 전통복장을 한 원주민들이 수바족의 기다란 북과 메루족이 사용했다는 나무 밑둥치 속을 파내 만든 북을 두드리며 노래와 함께 용맹스러운 춤을 춘다. 엉거주춤한 춤과 점핑 춤을 서로 몸을 부딪치지 않으며 혼합한 춤이다. 퍼포먼스 중에는 전통과는 관계없는 줄넘기와 아크로바틱 쇼가 있다(외국인 600실링, 내국인 100실링).

관람객 중에서 케냐 학생들을 데리고 오신 수녀님을 만났다. 6년째 케냐에서 봉사하시는 수녀님이었다. 멀리 아프리카 오지에서 수녀님을 뵙고 편히 놀러 다니는 것이 미안하고 고생하시는 마음에 눈이 시큰해졌다.

넓은 부지에 재현한 민속촌은 케냐 여러 부족의 전통가옥을 전시하였는데 소똥과 진흙을 사용하여 벽을 만들고 야자 잎으로 지붕을 만들었는데 키쿠유나족, 캄바족, 칼렌진족, 이테소족, 키시타이타미지켄다족, 마냐타족 등의 집이었다. 당시 부족 모두 일부다처제로 한집안에 모두 거주하는 게 아니라, 남편과 아내 집 외에 제2부인, 제3부인 등의 집과 결혼한 아들이 거주하는 집을 한 울타리 내에 짓고 부족형태로 거주하는 방식을 보여준다.

# 사이테스(CITES) 협약을 지켜야…

　나이로비 시내에서 남쪽으로 10km 정도 거리에 위치한 나이로비 국립공원Nairobi National Park은 길 하나를 사이에 두고 한쪽은 도시, 한쪽은 야생동물이 사는 공원이다. 입장료는 430실링 달러. 오전 6시부터 입장이 가능해 이른 아침 공원에 도착하니 원주민 복장을 하고 환영한다. 정문 외에 시내와 근교에서 접근하기 편리한 다섯 군데의 출입구가 더 있다. 사파리 전용차를 타고 육중한 철문을 지나면 아씨 대평원Athi Plains이 펼쳐진다. 넓이는 다른 국립공원에 비해 비교적 작은 117㎢이지만 시내에서 가까워 단기 여행자라면 기대할만하다. 운전사 겸 가이드가 주의를 준다. 사파리 중에는 동물들과 어떤 상황이 발생할지 모르기 때문에 어떠한 경우에도 지프에서 내려도 좋다고 허가하는 곳 외에서는 내리면 위험하니 절대 명심하라고 한다. 초베 국립공원과 세렝게티 공원은 너무 넓고 동물이 언제 나올지 모르는 위험한 곳으로 알려져 아예 사파리 차량에서 내릴 생각을 안 하는데, 나이로비 국립공원은 길 건너면 시내이고, 초원에서 나이로비

고층건물이 보여 긴장감을 덜 느낀다. 현대와 맹수가 서식하는 동물원이 길 하나를 사이에 두고 공존한다. 하늘에는 근처 비행장에서 이륙한 경비행기가 가까이 날고 고층빌딩과 아파트도 국립공원 근처에 있다.

나이로비 국립공원은 사바나라기보다는 종합세트다. 공원 내의 사자는 목에 발신기를 부착하였다. 국립공원이 시내와 가깝기에 맹수들이 가끔 서식지를 벗어나 시내로 나가 주민을 공격하는 일이 간혹 벌어진다고 한다. 최근 사례는 2010년 밴쿠버 겨울올림픽 개막식을 며칠 앞둔 어느 날, 케냐 아이스하키 선수들이 밴쿠버로 떠나기 며칠 전, 주차장 차 안에서 난데없이 사자습격을 받아 가까스로 하키 스틱으로 사자를 물리쳤음에도, 스키선수 타타푸치 붐바가사는 창문 틈 사이로 이빨을 내밀고 달려든 사자에게 왼쪽 팔을 물어뜯기고 선수단 절반이 사자에 물려 케냐는 올림픽 사상 처음으로 사자 때문에 올림픽 출전을 포기한 나라가 됐다고 한다.

2016년에도 국립공원에서 암사자 등 6마리가 공원 울타리를 넘어 인근 주택가 랑가타 지역으로 탈출했으며, 급격한 도시화로 사자들의 이동 경로와 사냥터가 침범된 탓에 공원의 사자가 탈출하는 사고가 빈번하다고 한다. 맹수의 탈출을 방지하거나 활동상황을 알기 위해 사자의 목에 발신기가 부착되었다.

공원 내에 하얀 무더기와 코끼리 조각상이 설치되어 있다. 이 장소에서 1989년 케냐 정부는 대통령이 참석한 가운데 야생동물 보호에 대한 단호한 의지를 국내외에 과시하기 위해 압수한 약 270만 달러 상당의 상아 12톤을 불태웠다고 한다. 당시에 소각한 상아의 재와 하얀 뼛조각들이 아직도 남아있다.

아프리카에서 기념품을 구입할 때에는 재료가 동물의 것으로 만든 것인지 잘 보아야 한다. 목걸이나 귀걸이 등을 구입할 때 상아나 다른 동물의 뼈로 만든 것을 구입했을 경우, 짐승의 뼈로 만든 장신구를 소지했다는 이유로 동물보호법을 위반한 혐의로 구속되거나 벌금을 내는 일이 생길 수도 있다. 이는 사이테스 협약CITES에 의한 것으로 범세계적으로 멸종위기에 처한 야생 동·식물 및 생태계를 보호하기 위하여 1973년 3월 채택되었고, 포획 채취 및 상거래의 규제를 규정한다. 따라서 국가 간 이동 또한 금지되어, 이에 따른 금지 품목을 몰래 반출하거나 들여오다 세관에 적발되면 해당 국가의 법에 따라 징역 또는 벌금을 받게 된다. 관광객이 야생동물 기념품을 찾을수록 원주민은 더 많은 멸종위기의 동·식물을 포획하기 때문이다. 우리나라를 포함한 세계 183개국이 협약을 체결했다.

아이러니한 것은 야생동물을 보호한다는 케냐 정부에서 국립공원을 관통하는 철도건설을 한다는 것이다. 아프리카에서 1세기 전 영국의 식민통

IVORY BURNING – 상아를 불태웠던 자리다.

치 시절부터 건설한 철도교통이 최고로 발달한 케냐에서 32억 달러의 중국자본을 끌어들여 몸바사까지 총연장 483km의 '마다라카 고속철도'를 건설한다. 현재 국립공원을 관통하는 6km 구간을 제외한 제1단계 공사는 2017년 완공했고, 제2단계로 공원을 관통하는 건설공사만 완료하면 전국이 철도로 연결된다. 물론 높은 교량을 건설하여 그 위로 철로를 깔고, 교량 기둥을 나무로 위장하고 소음공해 저감시설 등을 설치해 동물들이 자유롭게 이동하게 한다지만, 공사를 중단하라는 법원의 판결에도 개발이라는 이름 아래 이를 단행하는, 환경과 동물보호는 실망스러운 수준이다.

YaYa 쇼핑센터 가는 길, 천둥 벼락과 함께 소나기가 퍼붓는다. 어느 허름한 가게 안에서 비 그치기를 기다렸다. 한 30분간 퍼붓더니 언제 그랬나 싶게 맑게 개였다. 비가 오면 도로 보행자 주변 길은 물이 고인 웅덩이가 된다. 쇼핑센터에서 판매하는 토산품은 진열대에 형형색색으로 전시한 것을 멀리서 볼 때는 좋은데 가까이에서 하나하나 살펴보면 딱히 고를만한 것이 별로 없다. 나라마다 하나씩 구입했던 수공예 팔찌를 나이로비에서도 구입했다.

커피 맛 좋다는 카페를 찾아 나섰다. 트립어드바이저 여행자 리뷰에서 5점 만점에 4.9점을 받았다는 카페 'kesh kesh'는 손님 숫자나 서빙하는 종업원 숫자가 비슷하였다. 어찌 된 평가였는지 커피 맛은 그다지 별로였다. 여행자 리뷰는 선택에 고민될 때 참고하지만 호텔, 항공권 구입, 식당, 카페 등의 평가가 공정한 것만은 아니었다. 외국여행자들은 웹사이트를 참고하여 방문한 후 분위기를 보거나 메뉴를 살피고는 그냥 나가는 경우가 많고, 우리는 나가기 미안하다 하여 그냥 눌러앉는 경우가 많다. 냉정하게 판단해야 후회하지 않는다. 전문점 커피 맛이 'Crowne Plaza Nairobi'보다 훨씬 못했다. 커피값은 400 vs 180실링으로 케시케시가 더 싸기는 했지만…

# 육상강국 케냐

새벽 다섯 시 어디선가 큰 소리로 코란을 구슬프게 외우는 소리에 잠이 깼다. 오늘은 케냐 나이로비를 떠나 비행기를 타고 에티오피아의 아디스아바바를 거쳐 메켈레 까지 이동한다.

지난주에는 소시에서 시민들이 마라톤을 하더니만 나이로비 공항 가는 길에 마라톤 행렬을 만났다. 남녀 초등학생부터 어른까지 참가 선수들의 행렬이 끝없이 이어진다. 케냐가 육상 강국임을 실감케 한다. 마라톤이 국민스포츠이고, 저변이 풍부하고, 고지대에서 거주하여 유산소 능력이 뛰어난 것에 기초한 것이다. 하나같이 비만인 사람이 없고 빼빼 마르고 키는 보통이거나 큰 키이다. 케냐인들이 육상을 잘하는 이유는 고산지대 사람들의 핏속 헤모글로빈은 저지대 사람의 인체에 비해 훨씬 산소와 잘 결합하기 때문이라고 한다. 산소가 희박한 곳에서 살아온 결과 생긴 적응현상이다. 그래서 우리나라에서도 고산지대인 태백산을 찾고 외국에서도 고도가 높은 곳으로 전지훈련을 간다. 흥미로운 점은 어린 나이에 케냐를 떠나 다른 나라로 귀화했는데도 그 나라에서 육상챔피언이 되는 경우가 많다는 점이다.

케냐는 육상 강국으로 동네 구멍가게 아저씨도 서브 3(마라톤 풀코스 3시간 내 완주)하는 동네가 많다는 말도 있다. 2018년 4월 한국 대구에서 열린 국제마라톤대회에서도 남자선수 1등에서 3등까지 모두 2시간 6분대로 케냐선수가 차지했으며, 여자선수도 2시간 28분 01초로 케냐선수가 우승하였다. 우리나라도 전 케냐 출신 마라토너 '에루페 윌슨 로야네' 선수가 귀화 의사를 밝혔으나 과거 도핑 전력 때문에 보류되었다가 2018년 9월 3일 특별귀화가 승인되어 대한민국 국적을 취득했다. 오주한(吳走韓, '오직 한국을 위해 달린다'는 의미)이라는 이름으로 현재 실업팀 청양군청에 소속되어 2020년 도쿄올림픽 참가를 목표로 훈련 중이라고 한다. 최근에 에루페처럼 도핑 테스트에 걸리는 케냐의 육상선수들이 많은데, 너도나도 약발로 뛴다는 말이 있다고 한다. 2018년 현재 세계 마라톤 최고기록 보유자는 케냐의 킵초게34살로 2018년 9월 16일 독일 베를린 국제마라톤대회에서 2시간 1분 39초의 기록으로 인간 한계에 근접했다. 이 대회에서 2위(키프르토), 3위(윌슨 킵상) 모두 케냐선수이다. 역대 마라톤 최고기록(2011, 2013, 2014, 2018년) 보유자 역시 케냐선수들이다.

나이로비 시내 대중교통은 다른 아프리카 국가와 마찬가지로 봉고차 비슷한 달라달라 외에 오토바이가 있는데 비바람이나 햇빛을 막는 차양이 쳐있다. 조모 케냐타 국제공항은 다른 아프리카의 공항처럼 중국의 건설업체에서 확장공사 중이다. 아프리카 여러 나라 국제공항 건설은 중국건설업체에서 독점한다. 에티오피아의 볼레 국제공항, 남아공의 케이프타운 국제공항도 중국건설업체가 확장공사 중이었다.

조모 케냐타 국제공항면세점은 시내의 쇼핑센터보다 30% 정도 비싸다. 특이하게 아프리카에서는 나이로비 시내의 물건값이 공항 면세점에 비해 싼 곳이 많다. 케냐에서 마지막 커피를 마시기 위해 공항직원에게 물어보니, 공항면세구역 내에 커피점이 두 군데인데 게이트 15~24쪽의 JAVA 라운지의 커피가 더 맛있다고 하여 다시 소지품을 보안 검색하는 번거로움을 감수하고 자바커피를 맛보았다. 값은 시내 커피점과 비슷한 200~230실링으로 약간 신맛이 특징인 커피 맛은 좋았다. 케냐산 커피는 케냐의 이름을 건 Kenya AA, 이스테이트 케냐Estate Kenya가 세계 최고급 커피 중 하나로 평가받는다. 커피의 나라답게 100실링 화폐에 커피나무 그림이 그려져 있다.

나이로비에서 에티오피아 아디스아바바까지 비행기로 약 두 시간 걸려 도착했다. 에티오피아는 인구가 약 1억 8백만 명, 면적은 110만㎢로 남한의 11배 정도이고 최초의 인류 '루시'의 고향이다. 볼레 공항에서 국내선을 타고 메켈레에 가야 하는데, 예약한 항공권을 받을 수 없다고 한다. 예약한 고객은 비행기 출발 3시간 전까지 결제해야 하는데 그 시간에 아디스아바바행 비행기 안에 있었으니… 난감한 상황이다.

비행기 탑승권을 예약할 때 에티오피안 항공사의 예약 규정은 예약비 없이 예약한 후 공항의 발권창구에서 예약 사실을 확인 후 항공권을 발급받을 수 있다는 전화상담원의 얘기를 듣고는, 이런 항공사도 있네! 그럼 노쇼No Show, 예약 부도가 많이 발생하겠군, 어찌 보면 항공기를 이용하는 사람

들이 부담이 없어 좋을 수 있겠지만, 꼭 이용할 승객과 항공사 양쪽의 손
해일 텐데…라고 생각했었다.

아디스아바바 에티오피안 항공사 직원의 얘기는 항공권 구입에 대한 의
사를 접수했지만, 출발 3시간 전까지 결제해야 했는데, 결제가 없어 항공
권을 발급할 수 없다는 것이다. 아~

오늘 메켈레에 가지 못하면 여행 일정이 줄줄이 미뤄질 수밖에 없다. 항
공사 직원의 말은, 출발 전까지 기다려 빈 좌석이 있으면 가능할 수도 있
다고 한다. 다행히 출발 30분 전에 빈자리가 있어 항공권을 구입하였다.

아프리카는 대부분 항공권에 직접 볼펜으로 행선지와 시간, 승객의 이
름을 적어준다. 예약하지 않고 구입하는 항공권이라 비쌌지만 한 달 전,
에티오피아항공을 이용하여 입국한 경우에 해당되어 50% 할인된 가격에
국내선 항공권을 구입하였다. 그렇지만 당초 예약한 가격보다 많은 돈을

주고 항공권을 구입한 셈이다. 비행기를 타고 보니 여러 군데 빈 좌석이 많았다. 출발 직전까지는 아니더라도 항공권을 판매해도 되었을 텐데, 엉성한 에티오피아항공 판매시스템 때문에 손해 본 셈이다. 73년의 역사를 가진 에티오피아항공 슬로건이 'The New Spirit of Africa'인데, 아프리카의 새로운 정신으로 예약시스템이 빨리 개선되었으면 좋겠다.

프로펠러 비행기로 800km를 1시간 30분 비행하여 메켈레Mekelle에 도착했으나 수하물 한 개가 도착하지 않았다. 수하물 찾는 곳에서 언제 나올지 모를 가방을 기다리며 목을 쭉 빼고 아무리 기다려도 벨트 캐리어에 가방이 보이지 않는다. Baggage Claim의 담당 직원은 이런 일이 자주 있는지, 수하물이 아디스아바바에서 비행기에 실리지 않았는데 다음 비행기 편으로 올 것이라고 한다. 다른 비행기로 도착한 가방은 퇴근하는 항공사 직원이 가져다주었다.

메켈레는 19세기 에티오피아 황제 요하네스가 건축한 성곽과 유물이 보관된 박물관이 있는 인구 48만 명의 도시로 에티오피아 티그레주의 주도이며, 해발 2,084m에 위치한다. 관광도시이기보다는 다나킬 투어를 하기 위한 관문이다. 다나킬 투어는 위험하여 개인이 할 수는 없고 반드시 다나킬 소재 투어회사에서 진행하는 프로그램에 따라 한다. 시내 중심가는 차량이 제법 많이 다니는데 특히 세발 툭툭이가 많다. 과일은 수분과 당도가 충분치 않아 맛이 없고 값도 외국인에게는 비싸게 파는 것 같았다. 빵가게에도 딱딱한 바게트뿐이었다. 부실한 저녁 식사를 했다.

# 7장 에티오피아

Ethiopia

| | |
|---|---|
| 수도 | 아디스아바바(Addis Ababa) |
| 면적 | 1,104,300㎢(남한의 11배, 세계 26위) |
| 인구 | 107,919,495명(세계 12위, 2018년) |
| 언어 | 암하라어(Amharic), 영어 |
| GDP | 78억 3,840만$(국내총생산, IMF: 2017년) |
| GDP/1인당 | 2,360$(WORLD BANK, 2017년) |
| 화폐 | Birr(비르) |
| 전압 | 220V |
| 국화 | 아룸 백합 또는 카라꽃(Arum lily or Calla lily) |
| 국조 | 부채머리새(Turaco, Touraco) |
| 여행경보 | 여행 유의: 서부지역, 철수권고지역: 동부 아파르, 소말리 접경 |

# 내돈 들여하는 여행 중 제일힘든 여행

세상에서 내 돈 들여 하는 여행 중 제일 빡세고 힘든 지구 최고의 극한 여행이라는 아파르사막의 불을 품은 땅, 다나킬 투어를 시작한다. 다나킬은 사막과 화산지대, 협곡 등을 지나는 만만치 않은 여정으로 에티오피아의 동북부, 에트리아와의 국경지대에 걸친 소금사막 지대이다.

투어 팀은 15명으로 사륜구동 차량 5대로 구성되었다. 차량 1대에 투어 참가자 3명과 운전사, 가이드 또는 요리사로 구성되었다. 메켈레Mekelle에서 베이스캠프가 있는 도돔Dodom까지는 약 270km 정도인데, 얼마 전까지는 비포장도로였으나 중국의 원조로 200km는 포장이 완료되고 70km는 비포장 길이다. 비포장도로라 해서 단순 포장이 안 된 길을 달리는 것이 아니라 길이 아닌, 모래와 뾰쪽하고 커다란 바위 위를 달리거나 또는 넘어가는 Extreme Driving극한의 운전이다.

세 시간쯤 달려 인구 500명의 마을 하마델라에서 점심을 먹었다. 식사는 요리사가 준비하고 식당은 장소만 제공하는 방식이다. 식사 후 커피를

마시기 위해 들른 찻집은 손님을 위한 세레모니로 이름 모를 풀(허브)이 테이블 위에 올려져 있다. 에티오피아 전통 세레모니로 풀냄새가 정신을 맑게 해준다는데 날씨가 더운데다 이상한 풀이 오히려 정신을 산란하게 한다. 에티오피아 사람들은 하루 3번, 작은 잔으로 한 번에 3잔씩 커피를 마시는 의식을 즐긴다. 모든 가정과 찻집에서는 숯불을 피워 유칼립투스 가루를 태우고 요리와 차를 준비한다. 연기가 피어오르면 숯불에 철판을 얹어 주문한 사람 숫자에 맞추어 물에 씻은 커피 원두를 진한 갈색빛이 될 때까지 볶는다. 고소한 향이 집안에 퍼지면 볶은 콩을 들어 둘러앉은 사람들에게 향을 맡게 하고, 갓 볶은 원두를 절구에 넣고 곱게 빻는다. 이동안 한쪽에선 토기 주전자 제베나에 물을 끓인다. 물이 끓으면 3큰술 정도의 볶은 커피 가루를 제베나에 넣고 다시 10여 분을 끓인 다음 잠시 기다려 커피 가루를 가라앉힌 후 손잡이가 없는 커피잔 스니에 따른다. 연장자순으로 커피 3잔을 돌리는데, 제베나에 물을 부어 계속 끓여내므로

나뭇가지로 엉성하게 엮거나 함석을 덧댄 집에 사람이 산다.

첫 잔이 가장 진하고 잔을 더 할수록 커피 농도가 연해진다. 손잡이 없는
작은 잔 스니에 담아온 한 잔의 원두커피는 300원 정도인데 설탕을 넣지
않으면 맛이 쓰다. 베이스캠프 가는 길은 아직은 포장된 길이지만 사막으
로 난 도로 주변에 아무런 식물과 동물이 살지 않는다. 어쩌다 도저히 사
람이 살 수 없을 것 같은 흙도 아닌 나뭇가지로 엉성하게 엮은 집, 또는 함
석을 댄 집이 간혹 보인다.

비포장도로는 세계 최악의 도로이다. 어쩌면 길이 아니니 도로라는 명
칭을 쓰는 게 적절하지 않을지도 모른다. 모래가 쌓인 사막으로 길이 아니
다. 모래 위를 차량이 달리는데 차량 5대가 무리를 이뤄 달린다. 선두 차
량이 달리면서 반드시 뒤따르는 차량을 함께 아우르며 속도를 조절한다.
그 까닭을 우리 차량이 모래구덩이에 빠지고서야 비로소 실감했다. 다른
차량의 도움 없이는 모래구덩이에서 꼼짝할 수 없다. 홀로 다니면 모래사

막의 모래 폭풍에 길을 잃을 수도 있다. 모래 폭풍이 불어도 앞으로 나가지 않고 멈추면 모래 속에 빠지기 때문에 보이지 않는 상태에서도 차량은 앞으로 나아가야만 한다. 어떤 때는 페루의 모래 사막언덕에서 버기카를 타는 것처럼 짜릿하기도 하다. 밀가루처럼 곱고 가는 모래가 차 유리창에 빗물처럼 흘러내린다. 모래사막을 주행할 때는 그래도 나은 편이다. 가이드 표현처럼 흔들흔들, 울퉁불퉁, 덜커덩덜커덩하며 마사지 드라이빙 한다고 여기면 되지만, 용암이 흘러나와 굳은 암석으로 된 지형을 지날 땐, 암석에 쿵! 하는 충격이 언제 어떻게 올지 몰라 항상 긴장하여야 한다. 다카르렐리 자동차 경주보다 더 험한 길일 것이다. 차 안에서 힘을 주어 무언가 꼭 잡고 있어야 흔들거리고 충격이 올 때 부딪치지 않는다. 운전사만 운전하는 게 아닌 차량에 탄 사람 모두 몸보신에 스스로 에너지를 쏟는다.

어렵게 7시간 정도 걸려 에르타 알레Erta Ale 기지에 있는 베이스캠프Dodom

낙타 등에 실은 매트리스는 에르타 알레 화산 정상에서 바위에 깔고 잘 침구이다.

에 도착했다. 캠프에는 에티오피아 군인들의 병영과 아파르 부족들이 관리하는 낙타와 일꾼들이 있다. 집들은 주변 화산석으로 벽을 둥글게 쌓은 다음 나뭇가지를 엉성하게 엮어 만든 서까래 위에 풀잎을 얹은 형태이다. 도착하여 캠프에서 쉬는 동안 요리사가 저녁을 준비한다. 저녁 식사 후 석양이 지고, 컴컴해 질 무렵 캠프를 떠나 활화산인 '에르타 알레Erta Ale'로 야간 트래킹을 시작했다. 한낮에는 태양 빛이 너무 강렬하여 트래킹을 할 수 없다. 산 정상에서 숙박한 후 태양 빛이 뜨거워지기 전, 이른 아침에 다시 베이스캠프로 하산하여야 한다.

주위가 어둑한 해 질 무렵이 되니 멀리 불꽃을 내뿜는 화산이 보인다. '에르타 알레'는 '담배를 피우는 산'이라는 뜻이라고 한다. 멀리에서 담뱃불처럼 빨간 불과 연기가 보여 그렇다. 야간 트래킹에 불필요한 짐은 차량에 두고 1인당 큰 물병 2개와 간단한 옷, 약간의 간식, 산 정상에서 필요한 침낭 또는 라이너를 챙겼다. 우리 일행과 함께 낙타가 동행한다. 낙타에는 야영에 필요한 매트리스, 담요, 간식과 음료 등을 실었다. 낙타는 무릎을 꿇어 짐 신기 좋은 자세를 취하고는 짐이 무거운지 소릴 지른다. 낙타의 울음소리가 슬프게 들린다. 저녁이 되어 해는 사막 너머로 사라졌지만, 사막의 기온은 에어컨 실외기 송풍구 앞에 선 것처럼 덥다.

가이드가 트래킹에 문제가 없는지 몇 번이고 다짐받는다. 트래킹 할 자신이 없으면 낙타를 이용하든지 아니면 포기해야 한다. 낙타를 타고 등정하는 비용은 700비르인데 중국인 단체관광객들이 모두 티그리족의 낙타를 예약하여 여분의 낙타도 없는 듯하다. 돈 많은 중국 사람들은 낙타를 타고 우리는 뚜벅이 트래킹이다. 캄캄한 밤, 머리에 랜턴을 착용하고 트래킹을 시작했다. 산기슭을 걸을 때는 모래에 신발이 파묻혀 걷는 데 힘이 든다. 모래를 지나 용암이 흘러 굳은 바위산을 지난다. 화산재가 굳어 바위로 된 곳은 넘어지면 큰 부상을 당할 수 있어 조심히 밤길을 걸어야 한다. 사막에서 빛이라고는 손전등과 밤하늘의 별빛이 전부다. 9.5km를 3번 휴식 끝에 4시간 걸려 밤 11시경 알레화산 정상에 도착했다. 정상에서 방향을 바꿔 약 500m 정도 걸으면 칼데라이다.

**tip** 칼데라

'칼데라'는 에스파냐어로 '냄비(cooking pot)'라는 뜻으로, 마그마에 의한 지지력이 없어지면서 화산 원추구의 정상부가 붕괴하여 형성된다. 이 붕괴는 많은 양의 마그마나 재가 분출하면서 화산구 하부의 마그마 저장소가 급격하게 비워지면서 생기는데, 용암분출이 끝나면 화산체의 정상부가 사라지고 커다란 구멍이 남는다. 한국의 칼데라는 백두산과 울릉도에 형성되었다. 즉 화산이 용암을 대량으로 분출할 때 마그마 챔버(magma chamber)에 공동이 생겨 산 정상부가 밑으로 꺼지면서 형성된 것이다. 이 때 생긴 수직의 내측 벽으로 둘러싸인 분지에 물이 고여 이루어진 것이 백두산 천지와 같은 함몰 칼데라호와 울릉도의 나리분지, 알봉분지이다. 하지만 알레화산은 아직 분출 중이기 때문에 물이 아닌 끓는 용암으로 채워져 있다.

1967년 용암분출 이후 9년 전에는 용암이 넘쳐흘렀다고 한다. 에르타 알레 화산의 칼데라에 가까워질수록 화산석의 강도가 푸석푸석하여 밟으면 부서지기도 한다. 발을 잘못 디디면 바위가 꺼지면서 빈 공간으로 발이 빠지기에 얼음 위를 걷는 것처럼 조심스럽게 걸었다. 어떤 화산석은 뻥튀기 과자 위를 걷는 느낌이다. 랜턴과 일회용 마스크는 반드시 챙겨야 하는 필수품이다. 어렵고 힘들게 도착한 활화산은 펑펑 터지며 지옥처럼 부글부글 끓는 마그마를 뿜을 거라 생각했었다. 그런데 활화산 칼데라에서 유황냄새 가득한 연기와 함께 바람이 불어와 눈을 뜰 수도 숨을 쉴 수도 없다. 언제 내려앉을지 모르는 불구덩이 가까운 화산석 귀퉁이에 엉거주춤한 자세로 앉아, 바람의 방향이 순간 바뀔 때 잠깐 숨을 들여 마시고 정신을 차려 보지만 연기 때문에 용암은 보이지 않고, 연기가 심하게 주위를 감쌀 땐 이러다가 유독 유황가스에 질식하여 죽을 것 같은 두려움이 들었다. 이건 관광이 아닌 극한 체험이다.

에르타 알레 화산은 완만한 경사를 가진 순상화산Shield Volcano으로 정상은 마그마가 분출되어 땅 밑으로 꺼져 직경 1km의 구멍이 613m 깊이로 파였다고 한다. 이 구멍이 세계 유일의 살아있는 용암 호수Active magma pool라고 한다. 끓는 용암을 상시 볼 수 있는 용암 호수는 지구 상 5곳이며 그중 가장 가까이 보는 곳이 에르타 알레라고 한다. 용암 불구덩이를 보려고 30여 분을 마스크를 쓰고 기다렸건만 날씨가 도와주지 않는다. 할 수 없이 다시 500여m 떨어진 정상으로 돌아와 노숙! 아니 산숙山宿, 바위숙石宿을 했다. 돌 바닥에 낙타가 신고 온 매트리스를 깔고, 라이너를 둘러쓰고 자는 것이다. 칼데라와 멀리 떨어진 곳에 있어도 바람의 방향이 바뀌어 활화산 불구덩이 쪽에서 불어올 때면 유황 연기의 가스에 숨을 쉴 수 없다. 라이너 틈새로 보이는 하늘에는 소금을 뿌려놓은 것처럼 별이 빼곡하게 박혀 있다. 지구 아닌 다른 행성에서 하룻밤을 보내는 기분이다. 칠성급 호텔이 아니라 은하수 호텔이다.

# 물 위에 둥둥 뜨는 소금호수

어젯밤 보지 못한 마그마를 보기 위해서 새벽 4시 30분에 일어났다. 높은 지대라 쌀쌀한 날씨다. 오늘은 펄펄 끓는 용암을 볼 수 있을까? 기대하고 칼데라에 다가갔지만, 용암이 끓는 구덩이 쪽에서 바람이 불어와 숨을 쉴 수도 없고, 연기 때문에 볼 수가 없었다. 아무리 기다려도 연기는 걷히지 않고, 그러는 사이에 해가 떠오른다. 설령 연기가 걷힌다 해도 햇빛 때문에 마그마가 잘 보이지도 않을뿐더러, 한낮이 되면 햇빛과 더위 때문에 산에서 내려가기가 힘들다. 어쩔 수 없이 캠프로 내려가야만 했다. 오전 6시 30경부터 하산을 시작했다. 어제는 밤길이라 볼 수 없었던 용암이 흘러내리다 굳어져 온갖 형상을 만든 광경이 펼쳐진다. 어쩌다 바위 위에 나무가 자라더라도 잎은 없고 가시만 있는 나무들이다.

화산 꼭대기부터 야영지 주변까지 온통 페트병과 쓰레기로 뒤덮여 있었는데 내려오는 길옆 바위 틈새마다 페트병과 쓰레기가 가득 찼다. 이대로 가면 온 산이 다 쓰레기로 덮일 것이다. 관광객은 많은데 관리가 안 된다.

우리 일행의 앞과 뒤에 총을 든 군인이 등산과 하산을 함께한다. 등반에 군인들이 동행하는 것은 위험하기 때문이다. 에티오피아와 연방을 형성하던 자치주 에리트레아가 1993년 독립한 후 1998~2000년까지 이르가, 바드메 지역 등 1천km의 국경을 따라 삼각지의 영유권을 둘러싼 갈등으로 양국이 전쟁을 벌여 약 7만 명 이상 사망했다. 유엔평화유지군이 개입하고 협상하여 전쟁은 종결되었으나 양국 군대가 지금도 대치하는 긴장상태가 지속 중이다. 2012년에는 국경 근처에서 에리트레아군이 관광객 5명을 살해한 사건이 발생하기도 했다. 에티오피아 군인은 가이드 배낭도 메주고 우리와 사진도 함께 찍었다. 그동안 전쟁 상태를 유지했던 에리트

레아와 에티오피아는 2018년 7월 합동 평화선언문을 발표하고 쿠테흐스 유엔 사무총장은 에리트레아에 부과된 유엔의 제재를 해제할 것을 논의하기로 하였다고 발표했다.

해가 뜨자 날씨는 점점 더워졌다. 10시경 베이스캠프인 도돔Dodom에 도착하니 요리사는 아침 식사 준비를 마치고 기다리고 있었다. 식사 후 어제처럼 사륜구동 차량을 타고 화산재와 돌로 된 오프로드를 내려왔다. 비포장 길을 2시간 달려 도착한 소금호수Lake Afrera는 사람이 들어가면 둥둥 뜬다는데 물 밑에 울퉁불퉁하고 뾰쪽한 화산바위가 가라앉아있어 다치지 않게 조심해야 한다. 사해死海라 물고기는 살지 못한다고 한다. 바로 옆에는 따뜻한 물이 샘솟는 작은 노천 소금 온천이 있다.

저녁은 민박집 거실과 큰 방에서 차량 5대에 타고 온 사람 모두 바닥에 매트리스를 깔고 혼숙이다. 샤워시설도 한 곳으로 줄을 서야 차례가 돌아온다. 가이드가 민박집 딸이 한국말을 엄청 잘한다고 전화로 연결시켜 준다. 18살 대학생이라는데 어렸을 때부터 위성TV로 한국드라마를 시청하면서 우리말을 배웠다고 한다. 우연히 자기 집에 들렀던 한국 여행자의 초청으로 한 달간 한국에 다녀오기도 했다는데 우리말을 표준말로 완벽하게 구사하고 대화 상대에 따라 경어를 구사한다. 억양과 말하는 속도, 대

소금호수

화 추임새 등, 말하자면 고급언어를 구사한다. 새삼 TV 매체의 영향력과 어렸을 때 언어습득이 얼마나 중요하고 필요한 것인지에 대한 깨달음과 함께 나는 얼마나 외국어에 무능했나! 하는 생각이 들었다. 외국 젊은이들은 피곤하지도 않은지 밤늦게까지 맥주 파티를 연다.

# 지구에서 가장 낮은 화산 분화구 덜룰 지대

일출을 보기 위해 5시에 기상했다. 민박집 아주머니와 요리사는 이미 일어나 아침 식사를 준비하고 있었다. 일출 장소를 찾아 산등성이 길을 계속 달리는데 구름 때문에 태양이 보이질 않는다. 4시간을 달려 인구 500명인 카라반 소금교역의 시장이었다는 베르할레Berhale 마을의 대나무로 엮어 만든 허름한 주막집에 들러 간단한 음식과 따뜻한 커피 한 잔을 했다. '베르할레'는 아파르 언어로 '불타는 산'이라는 뜻인데, 에티오피아 북동부에 위치한 도시로 아파르지구의 행정도시이다. 마침 학교에 등교하는 학생들을 만나 노트와 볼펜 등을 선물했다. 학생들의 노트에 쓰인 글씨를 보고 잘 썼다고 칭찬해주니 좋아한다. 장난치며 학교에 가는 또래 애들을 당나귀 등에 나무를 싣고 가는 소년이 자꾸 돌아본다. 또래의 친구들이 등교하기 훨씬 전에 일어나 산에 가서 나뭇가지를 주워 당나귀에 싣고 마을에 내려온 친구다. 마음이 아파 불렀다. 볼펜 줄까? 물었더니 고개를 끄떡인다.

다나킬 지역을 투어하면서 느끼는 것은 관광지로의 관리가 전혀 안 된다는 점이다. 알레 화산, 달롤 화산지대 모두 국가에서 관리하는 게 아니라 부족이 모든 것을 주관한다. 관광지라면 출입하는 게이트가 있어야 하는데 아예 없다. 사막에 있어 출입하는 문이 없을 수도 있겠으나 관광객들이 도착하면 부족의 족장이라는 사람이 나타나 돈을 요구한다. 정해진 금액이 아닌 그때그때 가격협상을 해야만 한다. 어떤 부족은 총을 가지고 나타나기도 하고, 차량 위 지붕에 올라타거나 조수석에 타고 담배나 금품을 요구하기도 한다. 가이드는 어쩔 수 없이 이들에게 돈을 건넨다. 들어갈 때 돈을 주었는데 나올 때 다른 사람이 나타나 또 돈을 요구하기도 한다. 어떤 부족은 도로에 차단기 줄을 설치해 놓고 통과하는 차량

에 돈을 요구하기도 한다. 돈을 받아놓고 주변 청소를 한다거나 화장실 관리를 하는 것도 아니다. 재투자가 전혀 이루어지지 않는다.

달롤Dallol Volcano 화산 지대는 에티오피아 동북부 끝자락인 다나킬 부근 사막에 있는 화산지대이다. 1926년에 폭발이 있었으나 지금은 분화 조짐 이 보이지 않는 독특한 지형구조이다. 해수면보다 130m 낮은 곳에 위치하 여 지구 상에서 가장 낮은 화산 분화구며, 제일 더운 곳으로 연평균기온 이 34도, 최고기온이 63도를 넘는 화산지역이다. 유황성분이 높은 바위가 많고 색상이 노란색으로 에티오피아의 옐로스톤Yellow stone이라고도 한다. 달 롤 지각 300m 밑에 마그마가 있어 계속 수증기를 내뿜으며 소금과 포타슘 Potassium, 칼륨, 구리 같은 여러 가지 미네랄들이 뒤범벅돼서 굳어진 것이 깨진 유리처럼 날카롭다.

차량을 타고 소금밭 입구에서 내려 약 20분 정도 부수개(한과) 같기도 하고 너와 지붕처럼 밟으면 소리가 나는 푸석푸석한 소금결정체로 된 길을 지나면 유황지대가 나온다. 숭숭 구멍이 뚫린 곳은 유황 간헐천이나 수증기가 뿜어 나오던 흔적이다. 유황과 소금의 결정체가 산호 버섯 모양의 돌에 하얀 서리가 내린 듯하다. 등산화를 신은 발바닥이 뜨겁다. 아직 유황이 굳기 전 모습은 팝콘을 쏟아 놓은 것 같기도 하고 꽃밭 같기도 하다. 밟으면 끈적이면서 노란 유황이 신발에 달라붙는다. 펄펄 끓는 물웅덩이에서 열과 높은 산성이 농축된 유황의 복합작용으로 인해 노랑색 지형이 만들어졌다. 노랑 유황 바탕에 눈 위에 발자국을 남기는 것처럼 사랑하는 사람의 이름을 쓸 수도 있다. 회색의 소금결정체가 큰 개미집처럼 솟아오른 것도 있다. 이곳이 이렇게 해수면보다 낮아진 것은(지금도 조금씩 가라앉고 있다) 세 개의 판이 모인 곳으로 수많은 세월 동안 지각변동으로 판이 움직이면서 땅이 갈라져 내려앉고 갈라진 틈으로 뜨거운 증기와 함께 유황이 분출되기 때문이라고 한다.

2005년 9월, 이곳 아파르사막에서 발생한 지진으로 맨틀이 융기해 지각판이 벌어지면서 지표면이 얇아져 길이 60km, 폭 8m의 균열이 발생했다. 이 같은 현상이 지속되면 수백만 년 뒤에는 아프리카판African plate과 아라비아판Arabian plate이 나뉘면서 그 사이로 홍해 바닷물이 밀려들고 결국 에티오피아와 북동부 지역이 아프리카대륙으로부터 분리될 수 있다고 한다. 다만 인간이 알아챌 수 없을 정도로 천천히 진행될 것이라고 한다. 지금도 동아프리카 열곡대(이스라엘 사해에서 시작해 홍해를 거쳐 동아프리카를 가로지르는 3,000km 길이의 폭 50km의 골짜기)는 3,000만 년 전 에티오피아 북부에서 시작돼 연간 2.5~5cm씩 남쪽으로 확장되는 중이라고 한다.

달롤은 홍해의 서쪽이었다는데 화산활동으로 대륙 안에 갇혀 내해가 됐으며, 뜨거운 열로 수분은 증발되고, 소금, 유황, 용암으로 알록달록 형형색색의 오묘하고 황홀한 지면이 형성됐다. 가까이 가면 분출공에서 유황냄새를 폴폴 풍기며 부글부글 끓어 수증기를 쉭쉭 내뿜는다. 눈이 따갑고 냄새는 코를 찌른다. 오래된 분출공은 용암 바위처럼 굳어져 또 다른 장관을 연출한다. 세계 연구기관에서는 소금기와 유황지대인 이곳에서 유해한 환경에 서식하는 내한성 박테리아를 연구 중이라고 한다. 이 실험을 화성탐사에 적용할 예정이라고 한다. 주변 풍경이 어느 우주의 행성에 서 있는 느낌이다.

달롤에서 차량으로 10분 정도 달려 소금산Salt mountain인 보르라Borra에 도착했다. 홍해의 바닷물이 내륙에서 햇빛과 지열로 증발되고 굳어져 소금 결정체가 불끈 서 있는 뾰족 봉우리 또는 기둥처럼 오묘하게 형성된 모습이다. 어떤 소금산은 지층을 이루는 바위처럼 층층이 결이 진 모습이기도

소금산

두꺼운 얼음처럼 된 소금판 위에 사람들이 서있다.
소금물 속에 하얗고 커다란 소금바위가 보인다.

하고, 바닥은 마치 얼마 전까지 물이 흐른 것처럼 흙과 소금이 섞였다. 달롤 주변은 우주행성에 홀로 남겨진 주인공의 생존을 그린 영화 〈마션The Martian〉의 촬영장소이기도 하다.

소금산 인근에 있는 유황온천 아르라Lake Arra 입구는 소금이 물결처럼 굳어있다. 호수의 갈색 물 아래에서 뜨거운 물이 보글거리며 솟아오른다. 가이드가 따뜻한 온천물에 발과 다리를 담그며 피로가 풀린다고 한다. 유황 성분 때문에 물을 마신 새들은 호수에 빠져 죽는다고 한다. 하지만 호수 주변 지역의 낙타카라반caravan들은 그 물을 떠서 낙타의 피부병 치료에 사용하기도 한다고 한다.

우리를 태운 자동차는 하얀 소금 위를 달리다 둥그렇게 물이 드러난 곳에 멈추었다. 물 아래에 하얗고 커다란 소금 바위가 보인다. 우리가 서 있는 소금이 두꺼운 얼음처럼 되어있고 소금판 아래는 호수인 것이다. 소금 호수에 소금 덩어리 바위가 잠겨있고 그 표면에는 얼음처럼 소금이 굳어 덮였다.

끝없이 펼쳐진 소금 평원을 달리다 보면 허허벌판 뙤약볕에서 소금을 채취하는 하이하메드 소금채취장이 나온다. 면적은 1200㎢로 제주도의 0.6배 정도이고 바다였던 이곳은 암염생산지이다. 평균기온 34℃, 최고기온 63℃의 땡볕에서 망치나 도끼로 바닥의 소금을 깨서 유칼립투스 긴 나무막대를 지렛대 삼아 소금 바닥을 들어 올려 소금 조각을 떼어낸 다음, 도끼와 칼로 직사각형의 일정한 크기(5kg)로 규격에 맞게 다듬어 이를 묶어 낙타 등에 얹혀 약 5일간의 행군을 거쳐 소금집하장으로 운반한다. 여기에 종사하는 사람은 티그리족과 무슬림인 아파르족이라는데 나무그늘도 그늘막도 없는 열사의 소금사막에서 장비를 쓰지 않고 오로지 사람의 힘으로 채취 작업을 한다. 도끼나 칼 대신에 전기톱을 사용하고 지렛대용으로 사용하는 긴 막대기 대신 쇠지레Crowbar, 속칭 빠루를 사용하면 좋으련만 안타깝다. 관광객들에게 돈을 뜯기만 하고 채취환경은 100년 전이나 지금이나 변한 게 없다. 도대체 에티오피아의 위정자들은 뭘 하는지 모르겠다. 뙤약볕에서 하루 종일 작업하면 한 사람이 평균 300개의 소금 조각을 채취하여 1,400비르(한화 40,000원) 정도를 번다고 한다.

이들이 소금을 채취하는 동안 카라반에 사용할 낙타들이 무릎을 꿇고 쉰다. 쉬는 낙타 등가죽에 상처가 나서 빨간 살이 보인다. 말을 못하는 짐승이지만 얼마나 아플까? 이를 보고 집사람도 울고 나도 울었다. 낙타에 싣는 짐의 무게는 장거리 운반에는 보통 200kg 미만이고 단거리 운반에는 450kg까지 된다고 한다. 낙타는 5~6일 동안 먹이를 섭취하지 않아도

견딜 수 있고, 체내수분의 40%를 잃어도 죽지 않는다. 15분에 약 110ℓ의 물을 마시는 낙타의 고향은 사막과는 전혀 다른 지역인 북아메리카다. 빙하기에 새 서식지를 찾아 지금의 아프리카에 정착하였는데, 낙타의 75%가 인수공통人獸共通 바이러스인 메르스에 감염되었다고 한다. 짐을 나르기도 하고 털과 젖, 가죽, 고기 등을 제공하는 충직한 가축 낙타가 불쌍했다. 작업하는 일꾼들에게 볼펜과 비스킷을 선물했다.

소금 평원 위를 자동차를 타고 질주한다. 멀리 나무로 된 울타리 같은 구조물이 보인다. 마치 사막에 어른거리는 신기루 현상처럼 보인다. 가까이 다가갈수록 길고 긴 유칼립투스나무 막대기로 만든 구조물이 소금 평원에서 호수 중심 쪽으로 연결되어 있다. 소금을 퍼 나르는 시설이라고 한다. 호수 밑에 하얀 소금 알갱이가 잠겼있다. 사막에 물이 잠겨 잔잔히 고였고, 높은 곳은 소금결정체가 모래사막처럼 끝없이 펼쳐진 것도 볼리비아 유우니Uyuni와 비슷한 전경이다.

메켈레로 돌아가는 길, 석양과 함께 길을 따라 끊임없이 이어지는 카라반 행렬은 아름다운 풍광을 선사한다. 관광객에는 감동을 주는 풍광이 묵묵히 무거운 짐을 나르는 낙타에게는 고난의 행군이리라.

메켈레에서 아디스아바바행 비행기를 기다리는 동안 공항에서 원주민

부족을 형상화한 나무인형을 구입했다. 비행시간은 한 시간 정도였다.

이번 여행의 마지막 도시인 아디스아바바의 볼레 국제공항에 도착했다. 대부분 호텔은 공항에서 2km 정도 내에 있는 호텔까지 셔틀버스를 운행한다. 호텔 객실 문을 열고 들어선 순간 지금까지 험난한 여행을 보상이라도 하듯 널따란 객실 중앙에 하얗고 반듯하게 놓여 정돈된 침대가 우릴 반긴다. 깔끔하고 시원한 객실에 햇볕에 말렸는지 뽀송뽀송한 느낌과 풀 먹인 것처럼 빳빳한 상태의 다림질한 시트는 아무도 밟지 않은 눈밭의 눈처럼 새하얗다. 몸을 침대에 뉘는 순간 푹신하고 쾌적함에 험난했던 여정의 피로가 가신다. 호텔 TV에서 이틀 전 에티오피아 북부 암하라 지역의 절벽에서 버스가 추락하여 38명이 사망했다는 영상이 나온다. 바로 3일 전 방문했던 메켈라 옆인데… 깜짝 놀라며 가슴을 쓸어내렸다.

# 최초의 인류 '루시' 화석

에티오피아 역사박물관Ethiopia Historical Museum을 찾았다. 엔토토 언덕 꼭대기 메넬리크 궁전 근처에 있는 1층으로 된 작은 박물관인데 황제 메넬리크 2세Menelik II 1844~1913와 그가 수집한 역사적인 유물이 에티오피아 역사와 에티오피아가 다른 세계와 어떻게 연결되었는지 설명한다. 흐릿한 조명에 전시품에 대한 설명은 에티오피아 고유 언어인 암하릭Amharic으로, 아래에 작은 영어글씨도 쓰여 있다. 전시품은 황제의 의자와 의류, 왕관 등으로 가지수가 많지 않다. 주로 흑백사진의 기록물이 많았다. 사진을 촬영해도 문제될 게 없을 것 같은 전시품들 같았는데 입구에서 카메라와 가방, 물병 등을 맡겨야 했다.

메넬리크 2세는 에티오피아를 근대화시킨 황제로 부족 간의 대립으로 분열된 에티오피아를 통일하고 1896년 이탈리아의 침공을 물리치고 전쟁에서 승리했으며, 수도 아디스아바바를 건설한 황제이다. '아디스아바바'는 암하릭어로 '새로운 꽃'이라고 한다. 1886년까지 수도는 엔토토Entoto 였다.

해발 2,400m 이상 고원에 위치한 수도 아디스아바바는 기온이 낮고 땔감이 부족해 생활하기가 불편했으나 메넬리크 2세가 생장이 빠르고 높이 자라는 유칼립투스 나무 심기를 장려하여 건축과 땔감의 문제를 해결했다.

에티오피아 국민들은 솔로몬 왕과 시바의 여왕 사이에서 태어난 아들(메넬리크1세)이 에티오피아를 건국했다고 믿는다고 한다. 그렇기에 이스라엘과의 관계도 무시할 수 없다고 한다. 실제로 유대교를 믿는 검은 유대인들이 많다고 한다.

에티오피아인들은 솔로몬의 자손이라는 자긍심 외에, 아프리카에서 유일한 언어와 글을 가지며, 1936년 이탈리아의 침략으로 수도가 함락되어 황제가 해외로 망명하기도 했지만 5년 만에 이탈리아 군대를 물리치고 아디스아바바를 탈환했다. 수많은 서구 열강의 침략에도 아프리카 53개국 가운데 유일하게 식민지를 겪지 않은 나라이다. 박물관 설명에도, 거리의 간판에도, 관공서에도 에티오피아 문자인 암하릭어를 위에 표시하고 아래에는 영어를 표기한다. 에티오피아는 아프리카에서 두 번째 인구가 많은 나라이지만 끝에서 두 번째로 못사는 나라이기도 하다.

박물관에서 100여 미터 떨어진 곳에 1882년에 건축한 메넬리크 궁전은 황제가 기거하였다고 보기에는 소박한 농장 같았다. 진흙 벽에 지붕은 풀잎을 엮어 덮은 형태이다. 제대로 관리가 안 되는 궁전 뜰에는 그의 두 번째 왕비의 묘지가 있는데, 에티오피아 정교회의 성직자(여)가 천막을 치고 묘를 돌본다. 궁전 뒤뜰에는 부자들만 안장할 수 있다는 아파트형 묘지가 있는데 무덤에 꽃도 십자가도 없이 초라하고 돌보는 이가 없다.

바로 옆에 위치한 성 마리암교회Entoto Maryam Church 외부는 알록달록 에티오

피아 국기인 빨강, 노랑, 초록 등의 3가지 색으로 칠해져 있다. 에티오피아 국기는 3색기 중앙에 하늘색의 원 바탕에 '솔로몬의 별'이라고 부르는 노란색 상징이 있다. 1897년에 처음 만든 3색은 이후 아프리카의 통일을 상징하는 범아프리카의 색깔이 되어 아프리카 국가의 국기에 많이 사용되었다. 용기와 희생, 종교의 자유, 부를 상징하는 빨강, 노랑, 초록은 성경 '노아의 홍수' 장에 나오는 무지개를 상징한다고 한다. 교회 문 앞에서부터 이마와 입술을 번갈아 가며 3번 입을 맞춘 다음 교회 건물 안으로 들어와서 또 반복한다. 러시아 정교회에서도 이처럼 문 앞에서부터 예를 갖추어 기도를 드렸는데, 에티오피아 토속문화와 기독교가 합쳐진 종교 같다. 교회 지붕도 팔각형으로 되어있고 벽을 빙 둘러 회랑이 있는 특이한 형태이다.

아디스아바바 시내 전경을 볼 수 있는 엔토토 산은 정상 높이가 해발 3,200m이다. 엔토토 산을 오르는 길목은 유칼립투스 나무가 울창하게 심어져 있다. 도로를 따라 젊은 여인부터 나이 든 할머니까지 등짐으로 또는 나귀에 유칼립투스의 무거운 나뭇가지를 잔뜩 채취하여 내려온다. 산 전체가 산림 보호구역으로 벌채가 금지되었다는데 나뭇가지는 허용되나 보다. 유칼립투스 나뭇가지는 땔감으로 사용하거나 내다 팔기 위한 것이라고 한다. 에티오피아에서는 평생을 나무 땔감을 수집하여 파는 여자들이 많다고 한다. 힘든 일을 남자가 하지 않고 여자가 담당하는 가난한 처지의 그들이 안쓰럽다. 장 여사께서 그들에게 다가가 몇 개의 사탕을 손에 쥐여준다.

산에서 바라보이는 아디스아바바 시내는 흐릿하다. 날씨 탓도 있겠지만, 고도가 높아 낡은 자동차와 연료가 산소부족으로 불완전 연소하여 더욱 공기 오염이 심하다.

언덕을 내려와 국립 에티오피아 박물관으로 향했다. 입구 정원에 아디스아바바로 수도를 정한 메넬리크 2세가 1896년 아두와 전투에서 이탈리아군을 무찌를 때 사용했다는 대포와 그의 동상을 비롯한 총을 메고 있는 군인, 셀라시에 황제가 군대 사열을 받는 조각, 투쟁하는 여인의 조각상이 전시되었다. 메넬리크 2세는 에티오피아인들이 가장 존경하는 인물이라고 한다. 계단을 오르면 1, 2, 3층과 지하에 전시실이 있다. 지하에는 화석과 동물의 박제, 1층에는 역사적 유물, 2층에는 아프리카 전통 그림, 3층에는 에티오피아 소수민족의 생활상을 실물재현과 그림으로 전시하였다. 1층 입구 에티오피아 지도 앞에서 유물이 출토된 지역과 에티오피아 역사에 대해 안내인이 간략하게 설명한다. 1층 전시실에 1974년에 발굴된 인류에서 가장 오래된 화석이 있다. 에티오피아인들이 인류 기원이 되는 조상들이 자기들의 땅에서 살았었다고 자부심을 갖게 된 화석(일부 머리와 골반 뼛조각, 치아 등)이다. 사막호수의 진흙에서 발굴된 그녀의 원래 이름은 에티오피아 언어로 딩크네시Dinknesh였는데, 'You are beautiful'이란 의미를 가졌다고 한다. '루시'라고 이름이 붙여진 오스트랄로피테쿠스 화석 중에서 가장 오래된 약 318만 년 전의 것이다. 1m가 조금 넘는 키에 20세 전후의 여성으로 직립 생활을 했다고 한다. 발굴단이 흥분한 것은 루시의 골반이 위를 바라보는 형태로 현재 인류와 비슷하였기 때문이라고 한다.

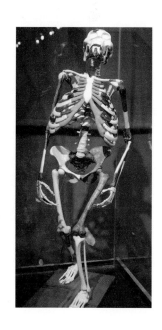

이에 반해 유인원의 골반은 정면을 향한다. 골반이 정면을 향한 유인원은 골반 구조가 일어서기 힘든 자세라고 한다. 위를 향한 골반과 잘 구부러지는 다리 관절은 루시가 직립보행을 했음을 알려준다. 하지만 루시의 상체 뼈 구조는 완전히 유인원이었다고 한다. 우리 조상은 나무를 오르고 내릴 수도 있고 서서 걸을 수도 있었다. 이 화석의 발견으로 과학자들은 루시를 유인원과 인간을 이어주는 공통 조상의 연결고리라 생각했고, 그 이유로 루시는 최초의 인류가 됐다. 루시라는 이름을 붙인 것은 화석이 발굴될 당시 발굴단의 캠프에 있는 테이프 리코더에서 비틀즈의 노래 〈루시 인 더 스카이 위드 다이아몬드Lucy In The Sky With Diamonds〉가 흘러나왔는데, 이 곡에서 이름을 따왔다고 한다. 이 외에도 발굴된 조상의 뼈와 골격을 이어 사람처럼 세워놓았다.

라바이 로드Rabai Road를 지나 올데아니 로드Oldeani Road에 있는 트리니티 대성당Holy Trinity Cathedral은 셀라시에 국왕이 1931년에 세운 에티오피아 정교회이다. 정교회는 그리스 정교회, 러시아 정교회, 동방 정교회 등이 있는데 - 2018. 12. 15 러시아 정교회로부터의 분리, 독립을 추구해온 우크라이나 정교회가 통합 우크라이나 정교회 창설을 결정했다 - 가톨릭, 기독교와의 차이가 궁금했다. 종교에 문외한이라 잘 모르겠지만 '정교회'라는 명칭이 맘에 든다. 'Orthos-doxa'란 '올바른 신앙'을 뜻하므로 올바른 신앙의 교회라는 뜻이 정교회이다.

Orthodox!

혀를 윗니와 아랫니 사이에 살짝 내밀어 가볍게 물고 바람을 내보내는 'th' 발음이 든 단어라 좋다. 옷쏘독쓰? 우리말로는 표현할 수 없다^^.

셀라시에 황제가 영국에서 망명 시절 5년간 머물면서 보아온 교회 양식을 고국에 돌아와 적용하여 건축한 고딕형식의 외관과 교회 내부는 화려한 스테인드글라스로 빛나고, 하일라 셀라시에 황제와 왕비가 미사 드릴 때 앉았던 화려한 왕좌가 보존되어 있다. 남자는 예배당 왼쪽에 여자는 오른쪽에 앉는다. '하일라 셀라시에'라는 이름은 암하라어로 '삼위일체의 힘'이라는 뜻이다. 성삼위일체의 성당으로도 불리는 Trinity Cathedral은 에

티오피아 정교회의 대본산으로 두 번째로 규모가 크다. 1936년 이탈리아
에 저항하다 영국으로 망명하여 1941년 5월 아디스아바바로 돌아온 황제
는 이탈리아에 대항해 싸운 에티오피아 용사들을 기념하기 위해 성당을
건립하였다. 정교회 대주교의 즉위식과 대주교가 집전하는 미사가 이곳에
서 열린다. 성당 제단 오른쪽에 셀라시에 황제와 왕비의 관이 안치되었고,
한국동란에 참전했다 전사한 121명의 군인 유해는 성당 지하에 모셨다.

   점심은 가이드가 추천하는 식당에서 에티오피아 전통음식 인제라Injera
를 먹었다. 음식이 나오기 전 종업원이 주전자에 따뜻한 물을 담아와 손
을 씻게 부어준다. 음식은 커다란 쟁반에 꽃을 올려놓은 것처럼 담아 놓
았다. 쟁반 가운데는 각종 소스와 고기, 향신료가 놓여있고, 쟁반 테두리
를 빙 둘러 얇은 오뎅이나 전 같이 납작하고 구멍이 숭숭 뚫린 빵을 배치
해 놓았다. 테프Teff라는 곡식을 발효시켜 만든 반죽을 전처럼 부쳐내는 음
식이다. 테프는 에티오피아인들이 즐겨 먹는 주식으로 테프 초콜릿, 테프

시리얼 등이 있다 한다. 인제라를 뜯어 고기와 소스, 향신료 등을 싸서 먹는다. 인제라는 약간 시큼한 맛이 난다. 식사를 진행할수록 쟁반에 깔린 고기와 소스는 줄어들고, 젓가락이나 스푼을 사용하지 않아 손으로 먹기가 곤란해졌다. 인제라 맛도 시큼하고…. 중간에 일어나 손을 씻으러 갔다. 왜 편리한 포크나 젓가락 사용을 안 하고 손가락을 사용하는지 궁금하다.

한국전쟁에 참전한 에티오피아군을 기리는 한국전 참전용사 기념공원을 방문했다. 당시 황제근위병 중 자발적으로 지원했던 최정예 병사들을 칵뉴Kagnew, 암하릭어로 초전박살이라는 뜻 부대로 파견했는데 121명이 전사하고 500여 명의 군인이 부상당했다고 한다. 하지만 한 명도 포로로 잡히지 않은 용맹스런 군인들이었다고 한다.

시내 중심가에 위치한 순교자기념관Red Terror Martyrs Memorial Museum은 1974년 멩게스투 중령이 쿠데타를 일으켜 하일레 셀라시에 황제를 살해하고 사회주의 정부 때 저질렀던 만행으로 희생된 이들을 기념하기 위해 현대사를 사진과 그림으로 전시하고, 희생된 사람들의 유골들도 전시해 놓았다. 당시 희생된 국민들이 200만 명이었다고 한다. 입장료는 없고 나올 때 기부금을 넣는 통이 있다. 기념관 앞 세 여인의 조각상 좌대에 결코 다시는 잊지 말자! 는 뜻의 〈NEVER EVER AGAIN〉 글귀가 새겨져 있다.

한국전 참전용사 기념공원 안에 세워진 한국
전 참전 기념탑

순교자기념관 앞 세 여인의 조각상.
좌대에 결코 다시는 잊지 말자는 뜻의
'NEVER EVER AGAIN' 글귀가 새겨져 있다.

# 에티오피아 최고의 커피집 토모카(TOMOCA)

 여행을 하다 보면 여행지에서 고민할 때가 있다. 이번에는 무엇을 먹을까? 뭘 볼까? 어떤 것을 살까? 어디를 가야 하나? 하는 것들이다. 대표적으로 여행지 또는 가까운 곳의 세계문화유산을 두고 그렇다. 세계문화유산으로 지정된 문화재가 많지 않았을 때는 꼭 들러 감상했었는데 세월이 흘러 이제는 지정 숫자가 많아졌다.

 1975년 유네스코가 특별위원회의 하나로 '세계유산위원회'를 발족하여, 소중한 유산들이 인간의 부주의로 파괴되는 것을 막기 위해 보호해야 할 현저한 보편적 가치가 있다고 인정한 유산을 지정하기 시작했는데, 시작 당시에는 그 숫자가 많지 않아 가능하면 다 가보고 싶었다.

 한국에서 유네스코에 세계문화유산으로 신청하여 지정된 첫 문화재(유네스코가 세계문화유산의 지정을 시작한 때로부터 23년이 지난 1995년 12월 6일)는 석굴암과 불국사, 해인사 장경판, 종묘 등이었다. 그런데 시간이 갈수록 점점 늘어나 우리나라는 12점, 전 세계 167개국 총 1,073점

(2017년 7월 현재)으로 점점 가치는 다르지만 체감하는 희소성은 상대적으로 덜하다. 세계 각국에서는 자기 나라의 훌륭한 문화유산을 국제적으로 알리고 홍보하여 관광수입 증대와 국제적인 명소로 발돋움하기 위해 지금도 신청을 한다. 물론 세계유산(문화유산·기록유산·자연유산·복합유산으로 나눈다)으로 지정되면 세계유산기금으로부터 기술자문과 재정적 원조를 받는다. 세계문화유산을 접했을 때 전문성이 부족하여 그 가치를 잘 알 수는 없다. 유명한 문화재일 경우 미리 학습하고 가는 예도 있지만, 여행지에서 갑자기 갈 경우도 있기 때문이다. 이럴 때는 어떠한 정보도 없어 현지가이드의 설명이나 안내 팸플릿에 의존하기 마련이다.

오늘 방문한 세계문화유산 Tiya가 이런 경우이다. 티야는 아디스아바바 외곽에 있는데 대중교통이 없어 투어회사를 이용했다. 아디스아바바에서 남쪽으로 9번 도로를 따라 90km쯤 되는 Sodo 지역에 1980년 세계문화유산으로 지정된 TIYA비석군Tiya megalithic steles이 있다. 유네스코에서 유산 지정을 시작한 때로부터 8년의 시차는 등수 안에 드는 소중한 유적이라는 느낌이 들게 한다.

가로로 약 45m에 걸쳐 1열로 세워진 32개의 비석은 원뿔과 반구 형태로 돌에는 고대 칼, 잠잘 때 머리를 받치는 목침, 사람의 얼굴 등이 새겨져 있다. 어떤 비석은 오랜 세월에 윤곽을 알 수 없을 만큼 새겨진 것이 뭉뚱그려져 있기도 한다. 가이드의 설명은 주위에서 160여 개가 발견됐지만 모두 정확한 연대도 파악할 수 없고, 무슨 의미인지 정확하게 밝혀지지도 않았다고 한다. 가이드의 설명에 대한 전문적인 신뢰가 느껴지지 않는다. 가이드가 한 설명 중 기억나는 것은 비석에 새겨진 목침을 가리키며,

에티오피아 사람들은 여행할 때 베개를 가지고 다닌다는 말뿐이었다. 골동품 가게에 들렀을 때 바나나 나무로 만든 보잘것없는 고물같이 보이는 목침木枕의 가격이 우리 돈 500만 원 정도라고 해서 놀랐다. 우리가 도착했을 때 우리의 문화해설사 - 유적관리인 일지도 모르겠지만 - 같은 사람이 있었는데 그는 아무 역할이 없었다. 가이드의 해설에 의존하거나 아니면 짤막한 안내문에 쓰인 글 말고는 어떤 정보도 없어 아쉬웠다. 입장권을 구입할 때 팸플릿이라도 있었으면 좋으련만 이마저도 없었다. 고고학자거나 비석에 관심이 있었으면 더 흥미로웠을 텐데…. 문외한이 보기에는 비석군의 스케일이 크거나 - 스톤헨지의 백 분의 일에도 못 미친다 - 잘관리되는 것도 아니다. 세계문화유산으로 지정되었다고 해서 모두 대중의관심을 끄는 것은 아니다.

문화재에 대하여 알고 사진 찍는 것과 모르고 사진 찍는 것은 촬영할때 감정과 느낌이 다르다. 그냥 사진기의 셔터를 누를 때는 풍경이거나 행동과 표정을 예측할 수 없는 동물을 찍을 때이다. 최빈국 에티오피아에서부정한 로비를 해서 유네스코 세계문화유산에 등재된 것은 아닐 테고 - 그런 일은 절대 없었겠지만 - 분명, 가치 있는 유산을 유식하지 못한 내가못 알아보는 중이다.


잘 모르는 세계유적보다 차를 타고 창밖을 보는 풍경이 더 좋다. 구두를 닦는 풍경, 만원 버스, 하얀 지붕에 파란색 툭툭이, 목재상, 옷가게, 도시철도, 노란 플라스틱과 빨강 플라스틱 통을 들고 물 뜨러 가는 소녀, 조랑말을 끌고 장에 가는 소년, 마차를 타고 다니는 주민들, 곡물 자루를 등에 지고 가는 아주머니, 쇠똥을 노적처럼 사람 키보다 높게 수북이 쌓아

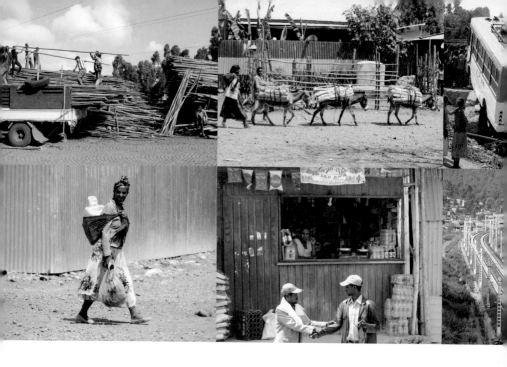

놓은 가리(더미), 대평원의 농장… 등.

평원과 마을 부근에 쌓아놓은 노란 낫가리가 정겹다. 에티오피아 사람들의 주식인 인제라를 만드는 곡물인 테프 볏짚이다. 볏짚인 줄기는 소나 양의 여물로 사용하는데 이 고장에서만 테프가 생산된다고 한다. 평원에 테프를 재배하는데, 에티오피아의 땅은 모두 정부소유라고 한다. 소작농으로 농사짓는 일반 농민들이 있기는 하지만, 큰 농장의 상당수는 외국인 투자자들이 직접 운영하며 아랍의 투자자들이 많다고 한다. 주민들은 그냥 노동자일 뿐이다.

티야 비석군에서 북쪽으로 도로를 따라 50여km 거리에 아다디 마리암 암석 교회Adadi Mariam Rock-Hewn Church가 있다. 12세기에 지어진 교회인데 땅과 평평한 바위를 윗부분부터 파 내려가 석굴 속에 만들었다. 누가, 왜 평지에 짓지 않고, 역발상으로 지하에 교회를 지었을까? 현지가이드의 설명

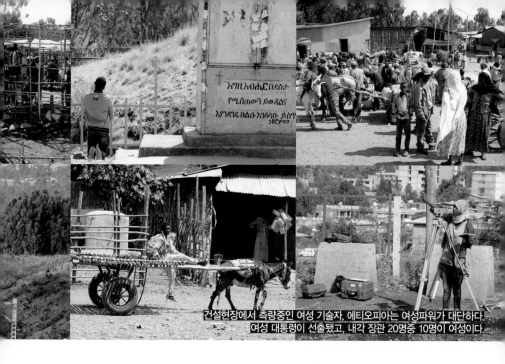

건설현장에서 측량중인 여성 기술자, 에티오피아는 여성파워가 대단하다.
여성 대통령이 선출됐고, 내각 장관 20명중 10명이 여성이다.

으로는 당시 왕 넬리발라의 꿈에 신이 나타나서 바위 속에 교회를 지으라는 명을 받고 만들었다고 한다. 넬리발라는 23년에 걸쳐 11개의 교회를 지었는데 그중 하나는 신의 도움으로 하루밤에 걸리지 않았다고 한다. 보통은 지었다는 표현을 써야 맞는데, 교회를 건설했다는 표현은 적절하지 않은 말이다. 건설의 사전적 의미는 '건물이나 구조물 따위를 지어 세움'으로 되어있다. 왕께서 꿈을 한 번 잘못 꾸는 바람에 바위를 쪼는 연장도 시원치 않았을 13세기 시대에 숱한 백성이 고생했을 것이다. 비종교인의 생각으로는 땅굴 또는 바위굴을 만든 왕이 황당하다. 더 황당한 것은 왕의 꿈에 나타나 바위 속에 교회를 지으라던 신이다. 바위굴교회에 속한 수도사와 수녀들은 정글이나 사막 같은 험지에서 홀로 평생을 기도만 하다 죽는 경우가 있다고 하는데 이들은 개인을 위한 기도가 아닌 인류를 위해 기도를 한다. 교회와 수사를 위해 신자와 관광객들한테 도네이션을 받는다.

아다디 마리암 암석 교회

아디스아바바에서 커피 맛으로 최고라는 피아사piazza 토모카Tomoca 본점을 찾았다. 여행 전문안내서 Lonely Planet에도 소개되어 유명해진 집인데 현재 여러 지점이 생겼다고 한다. 본점은 1920년대 이탈리아 카페 분위기의 커피숍으로 유명세에 비해 허름한 외관이다. 에티오피아에서 생산되는 짐마, 리무, 시다모, 예가체프, 하라르 - 에티오피아 지역 이름이다, 예가체프는 우리가 흔히 말하는 이르가체페를 뜻한다 - 등의 종을 섞어 판매하기도 하고, 원하는 종류의 커피 종을 선택할 수도 있다. 에티오피아의 질 좋은 커피를 이탈리아 로스팅 기계로 볶아 뽑은 진한 향의 풍미가 나는 커피는 강한 중독성을 일으킨다. 토모카 커피점은 아디스아바바를 방문하는 관광객의 필수코스라고 하는데, 내부는 빵이나 케이크를 팔지 않는 정말 순수한 커피점으로, 앉아서 여유롭게 커피를 마실 장소가 아니다. 가격은 12비르(300원)로 싸지만, 의자가 없어 테이블에 커피잔을 놓

피아사 토모카 본점

고 서서 마셔야 한다. 매장 넓이보다 판매대와 로스팅하는 작업장이 더 넓다. 로스팅한 커피콩과 커피 분말을 판매하는데 큰 봉지 커피를 구입한다고 싼 것이 아니다. 중량에 맞게 값을 공평하게 정해 놓았다(100g− 38비르, 250g− 93비르, 500g− 185비르인데 카드결제나 달러를 사용할 수 없고, 오직 현지화인 비르 결제만 가능하다).

골동품 가게에서 커피콩을 빻을 수 있는 나무로 만든 미니 분쇄통과 하일라 셀라시에 황제의 사진이 든 수공예 팔찌를 구입했다.

저녁 식사는 전통공연과 함께 식사하는 레스토랑 요드 아비시나YOD ABYSSINIA를 찾았다. 에티오피아 전통음식 인제라를 다양한 토핑 음식(치즈, 고기, 채소, 향신료)과 꿀로 만든 전통술 Tej를 유리로 된 호리병에 담아 내놓는다. 인제라는 말려있을 때는 롤케이크, 펼치면 팬케이크와 비슷한 빵으로 부드러움에 비해 신맛으로 사람에 따라 호불호가 엇갈린다. 곡물인 테프와 밀가루, 옥수수가루 등을 섞어서 만든 반죽을 사나흘 간 발효시킨 뒤, 넓게 전처럼 만들어 매콤하게 볶은 양고기나 쇠고기, 향신료 야채 스튜를 곁들여 소스를 찍어 먹는다. 에티오피아 정교회에서는 돼지고기 먹는 것을 금한다고 한다. 무대에서 에티오피아 전통 의상을 입은 무희가 춤을 추고, 노란 상의를 입은 남자가수가 아랍풍의 노래를 구슬프게 부른다. 그가 부르는 노래의 가사 뜻을 알 수 없지만 구슬픈 목소리와 리듬은 여행나그네의 아프리카 마지막 밤을 아쉽게 한다.

아침에 외출할 때 청바지 세탁을 부탁했었는데 벌써 옷장에 청바지가 걸려있다. 세탁료는 25비르, 세금과 서비스료 포함 32비르로 값이 싼 편이다(1달러=30비르). 청바지를 얼마나 두들겨 빨았는지 – 세탁기를 사용하는 것이 아닌 사람이 직접 세탁한다 – 하얀 바지가 되어 옷장 안에 다림질되어 얌전하게 주인을 기다렸다.

# 하쿠나마타타(Hakunamatata)

오늘은 아프리카대륙을 떠나는 날이다. 아내가 여행 중 입었던 옷 몇 가지와 학생들에게 나누어 주고 남은 학용품, 트래킹용 차양 모자와 현지에서 구입한 사파리 모자, 약간의 과자 등을 청소부에게 주었더니 호텔 규칙으로 받을 수 없고, 자기들에게 기증한다는 내용을 글로 작성해 주십사 하며 놓고 갔다. 프런트에 전화해서 청소부에게 기증한다는 내용을 써 놨으니 청소부를 방으로 보내달라고 했다. 방문한 청소부에게 기증한다는 편지와 물건을 주었더니, 조금 후에 동료 청소부 2명과 함께 와서 고마움을 전한다.

아프리카 여행길에 많은 것을 느꼈다. 모든 사람이 평등하게 똑같은 삶을 누릴 수는 없겠지만 최소한 굶주림과 질병에서 자유로울 수 있다면 좋겠다. 황폐한 땅과 빈곤, 전쟁과 전염병으로부터 해방되어 그들이 더 나은 세상에서 산다면 좋겠다. 여행 내내 어려운 여건에서 생활하는 그들을 볼 때마다 마음이 편하지 않았다.

에티오피아에서 유칼립투스는 특별한 만능의 나무이다. 메넬리크 황제는 황폐한 고원에서 땔감과 건축자재를 구하기 위해 생명력이 강하고 생장이 빠른 유칼립투스나무를 심기 시작하였는데, 지금 에티오피아에서는 없어서는 안 될 꼭 필요한 나무다. 여행자의 눈에는 이들 생활 어디든지 유칼립투스가 있었다.

집을 지을 때, 유칼립투스나무 가지를 엮은 다음 소똥과 진흙을 섞어 발라 벽체를 세운 다음, 나뭇가지를 벽에 걸고 나뭇잎을 얹어 지붕을 만든다. 유칼립투스나무 향은 살충제 작용을 하여 벌레의 접근을 막는다고 한다. 또한 모기 퇴치제로도 사용된다. 고층건물을 건축할 때의 비계도 철구조물이 아닌 유칼립투스나무 가지를 사용한다. 소금사막에서 소금을 캐는 도구, 전봇대, 손수레, 시장의 진열대와 집안 울타리, 가축우리, 민간요법에서 심신안정 효과와 아로마 향, 포진과 벌레 물린 데 항균·항열 작용, 탈취제, 방부제 등 에티오피아인들에게 만능의 나무이다.

아디스아바바 에드나몰Edna Mall 4층 매티극장Matti Multiplex에 갔다. 복합영화관으로 3개 영화를 상영한다. 입장권을 구입하려고 하니 달러도 안 되고 카드결제도 할 수 없다고 한다. 오직 현지화인 비르만 된다고 하여 은행에서 환전하여 예약했다(120비르, 약 4,000원).

상영시간에 맞춰 입장할 때, 3D 영화이니 별도 입체안경을 착용해야 한다고 입장을 막는다. 3D 안경을 대여하려면 보증금을 내야 하는데, 역시나 달러도 카드도 아닌 비르만 요구한다. 곧 영화 상영이 시작되는데 은

행에 다녀올 수도 없고, 난감해하니, 여권을 맡기면 입체 3D 안경을 대여해 준다고 한다. 할 수 없이 여권을 맡기고 3D 안경을 빌렸다. 여권을 맡기면서, 매우 중요한 것이니 보관을 잘해야 해! 알았지? 하고 다짐은 받았지만, 영화를 감상하는 내내 불안했다. 영화가 끝나자마자 공항으로 가야 하는데, 무슨 일이 발생하여 바로 돌려받지 못하면 비행기를 탈 수 없기 때문이었다.

아디스아바바 국제공항은 신도심의 대부분 호텔에서 셔틀을 운행(2㎞, 10분)한다. 볼레Bole 국제공항은 매우 붐비고 아프리카 다른 나라의 도시처럼 국내선과 국제선 청사 모두 확장공사 중이다. 메켈레에서 다나킬 화산지대 가는 도로처럼 중국이 대규모 투자로 아디스아바바의 길을 닦고 지하철을 만들고 공항 청사를 짓고 활주로를 확장하고 고층빌딩을 짓는 등 사실상 중국의 위성도시를 건설하는 느낌이다. 이런 건설 붐에도 고층아파트는 저층에만 수요가 몰린다고 한다. 전력 수급이 불안정해 엘리베이터 작동이 잘 안 되기 때문이다. 게다가 갑작스러운 중국자본의 투자와 건설 붐으로 에티오피아 정부는 제대로 도로명도 짓지 못한 상태에서 건설하여 시내 신축빌딩은 대부분 주소도 없어 현지인들은 랜드마크를 기준으로 길을 찾는다고 한다. 아프리카에서 중국은 평균 실업률 25%에 달하는 일자리 문제를 해결해 빈곤국의 일자리를 창출하는 구세주처럼 행세한다. 2011년 중국기업으로 에티오피아에 진출하여 2개 공장에서 7,500명을 고용한 기업 '화지엔'의 경우 한 달 평균 노동자에 지급하는 급여가 약 51달러로 착취에 가깝다. 에티오피아엔 최저 시급 기준이 없어 국민소득 대비 임금의 적정률을 알 수 없으나 중국의 행위는 유럽식민지 시대보다 정도가 더 심한 것으로 아프리카의 자원을 싹쓸이하고 대형 프로젝트에 필요한 물자는 물론 인력까지 중국에서 들여와 아프리카를 빚 방석에 올라앉게 하는 신식민지화新植民地化 행태가 되었다.

중국은 아프리카의 최대 무역 파트너다. 일대일로一帶一路 프로젝트가 본격화되면서 더욱 가속화됐다. 아프리카에 건설된 철도·도로·공항 시설 가운데 최신의 것은 중국의 설계와 기술, 돈으로 놓은 것이라 보면 된다. 차이나머니는 아프리카를 중국의 경제영토로 변모시키는데 그치지 않고 홍해의 요충지 항구의 항만 운영권을 따내고 중국 최초의 해외 군사 기지를 건설하는 등 종합국력 1위의 강대국이 되겠다는 국가 전략 목표인 중국몽中國夢을 이뤄가게 한다. 중국의 힘은 중국·아프리카 협력포럼FOCAC 정상회의(2018년 9월)에서 압도적인 영향력을 새삼 입증했다. 아프리카 54개국 중 대만과 수교하는 에스티와니 왕국(옛 스와질란드)을 제외한 53명의 각국 대표 중 대통령만 41명이었다.

항공사의 업무처리 속도는 느렸다. 세 시간 전에 도착해서 줄을 섰는데도 항공권 발권까지 한 시간 반이 걸렸다. 공항 면세점은 비싼 편이다. 커피와 목재 조각품, 장신구 등이 시내 판매점과 비교하면 2~3배 비싸다. 면세구역이 시중보다 비싼 경우는 처음이다.

항공기 탑승 전 게이트를 통과하는데도 업무처리가 늦다. 직원을 더 배치하면 좋을 텐데 게이트가 달랑 한 군데뿐이다. 출발 10분 전에야 통과했지만 이번에는 주기장까지 우리를 태워다 줘야 하는 램프 버스가 출발을 안 하고 승객을 계속 기다린다. 이번 여행 중 아프리칸 타임African Time을 체험한다. 어떻게 보면 여유롭다고 할지 모르나 게으른 태도임이 분명하

에티오피아 정교회 부설 사립초등학교 학생들

다. 시간에 신경 쓰는 것이 아쉬운 여행자다. 아프리카 격언에 '하라카, 하라카, 하이나 바라카(서두르고 서두르면 복이 달아난다)', '뽈레, 뽈레, 느디오 음웬도(천천히 천천히 하는 것이 나가는 방법이다)'라는 말이 있다. 우리의 빨리빨리 문화가 좋은 것은 아니지만 이들의 뽈레뽈레(Pole Pole, 천천히 천천히)도 좋지 않다. 조바심을 내고 재촉하면 그들은 하쿠나 마타타! 하쿠나 마타타!(걱정 마! 문제없어!)하면 그만이다.

비행기가 중간기착지인 홍콩 첵랍콕 국제공항에 도착했다. 청소원이 진공청소기와 청소도구를 가지고 기내를 청소함과 동시에 급유가 이루어진다. 재밌는 것은 항공사 직원이 탑승하여 여권과 탑승권을 검사한 후 옷에 좌석 번호가 쓰인 딱지(스티커)를 붙여준다. 무임탑승을 방지한다고 할까? 중·고등 재학시절 기차로 통학할 때 차장이 기차표를 검표하면 화장실에 숨거나 다른 칸으로 옮기는 사람들이 있었는데, 비행기도 이처럼 중간기착지에서 검표했다. 아디스아바바에서 출발하여 비행하는 도중 승무원의 술 인심이 좋던데, 공짜 술(와인, 맥주)에 취해서 못 내렸을 수도 있고, 아니면 비행기 값이 모자라 홍콩까지만 항공권을 끊고 인천까지 공짜(검표를 피한다면)로 갈 수도 있겠다. 이렇게 홍콩에서 1시간 30분을 기착하여 승객을 내려놓고, 또 승객을 태운 다음 다시 이륙했다. 2018년 6월 1일부터는 항로가 아디스아바바에서 일본 나리타까지로 변경되어 중간기착지이던 홍콩 첵랍콕이 인천공항으로 변경되어 한국 입장에서는 아디스아바바까지 직항노선이 된다. 다른 항공사에 비해 저렴한 가격이라 만석이다.

여행의 유효기간은 준비할 때의 설렘부터 추억의 설렘이 끝날 때까지라는 말이 있다. 설렘으로 심장이 뛴다.

인류의 고향, '아프리카Africa'라는 이름은 로마 시대의 카르타고와 로마가 치른 포에니 전쟁에서 유래한다. 카르타고는 지중해 연안으로 지금의 튀니지와 리비아 지역인데 라틴어로 이 지역에 거주하는 원주민들을 가리키는 단어인 아프리Afri와 라틴어로 '~의 땅'을 뜻하는 접미사인 '~ica'가 붙어서 '아프리카의 땅'이라는 단어가 완성되었다.

당시 로마인들이 생각한 아프리카 지역은 사하라 사막의 북쪽 끝 지역만을 의미했다.

아프리카의 땅끝, 케이프타운에서 시작한 여행은 나미비아 나미브 사막을 거쳐 보츠나와 오카방고 델타, 잠비아와 짐바브웨의 빅토리아 폭포, 탄자니아 잔지바르와 세렝게티 사파리, 킬리만자로 트래킹, 에티오피아 메켈레 지역 다나킬, 달롤 화산 지대와 소금호수를 거쳐 아디스아바바에서 끝을 맺는다.

멀게만 느껴졌던 아프리카 여행은 끝나고 지구 반대편 나라에서 낯선 이들과 함께한 시간과 풍경들은 사막의 강렬한 태양처럼 또렷한 추억이 되어 기억의 창고에 쌓인다.

작은 순간들이 모여 잊을 수 없는 추억을 만들고, 감상들은 내 가슴에 남아 내일을 살아가는 자양분이 된다. 사소한 여행지의 감동은 행복을 마법처럼 키운다.

여정이 힘들 때마다 아프리카에서 수없이 들었던 스와힐리어를 되뇌었다. '하쿠나 마타타, 하쿠나 마타타.'

여행을 끝내고 짐 정리를 하고 홀로 여정을 반추하며 몇 자 끄적일 때면 감성적이 되어 미소도 지었다가 나도 모르게 눈물을 글썽이기도 했다.

여행의 추억과 함께 내 영혼은 한 뼘 더 자라고 내 정신의 영토는 손바닥만큼 넓어진다.

이렇게 아프리카 여행보고서를 마칩니다.

김형만